I0411714

Henri Dunant

Un souvenir de Solférino

récit

Le code de la propriété intellectuelle du 1er juillet 1992 interdit en effet expressément la photocopie à usage collectif sans autorisation des ayants droit. Or, cette pratique s'est généralisée dans les établissements d'enseignement supérieur, provoquant une baisse brutale des achats de livres et de revues, au point que la possibilité même pour les auteurs de créer des oeuvres nouvelles et de les faire éditer correctement est aujourd'hui menacée. En application de la loi du 11 mars 1957, il est interdit de reproduire intégralement ou partiellement le présent ouvrage, sur quelque support que ce soir, sans autorisation de l'Editeur ou du Centre Français d'Eploitation du Droit de copie , 20, rue Grands Augustins, 75006 Paris.

ISBN : 978-1508452614

10 9 8 7 6 5 4 3 2 1

Henri Dunant

Un souvenir de Solférino

récit

La sanglante victoire de Magenta avait ouvert la ville de Milan à l'armée française, et porté l'enthousiasme des Italiens à son plus haut paroxysme ; Pavie, Lodi, Crémone avaient vu apparaître des libérateurs, et les accueillaient avec transport ; les lignes de l'Adda, de l'Oglio, de la Chiese avaient été abandonnées par les Autrichiens qui, voulant enfin prendre une revanche éclatante de leurs défaites précédentes, avaient accumulé sur les bords du Mincio des forces considérables, à la tête desquelles se mettait résolument le jeune et vaillant empereur d'Autriche.

Le 17 juin le roi Victor-Emmanuel arrivait à Brescia, où il recevait les ovations les plus sympathiques d'une population oppressée depuis dix longues années, et qui voyait dans le fils de Charles-Albert à la fois un sauveur et un héros.

Le lendemain, l'empereur Napoléon entrait triomphalement dans la même ville, au milieu de l'ivresse de tout un peuple, heureux de pouvoir témoigner sa reconnaissance au Souverain qui venait l'aider à reconquérir sa liberté et son indépendance.

Le 21 juin, l'empereur des Français et le roi de Sardaigne sortaient de Brescia, que leurs armées avaient quitté la veille ; le 22, Lonato, Castenedolo et Montechiaro étaient occupés ; et le 23 au soir, l'empereur qui commandait en chef, avait donné des ordres précis pour que l'armée du roi Victor-Emmanuel, campée à Desenzano et qui formait l'aile gauche de l'armée alliée, se portât, le 24 au matin, sur Pozzolengo ; le maréchal Baraguey d'Hilliers devait marcher sur Solférino, le maréchal duc de Magenta sur Cavriana, le général Niel devait se rendre à Guidizzolo, et le maréchal Canrobert à Médole ; la garde impériale devait aller à Castiglione. Ces forces réunies formaient un effectif de cent cinquante mille hommes et de quatre cents pièces d'artillerie.

L'empereur d'Autriche avait à sa disposition en Lombardie neuf corps d'armée s'élevant ensemble à deux cent cinquante mille hommes, son armée d'invasion s'étant accrue des garnisons de Vérone et de Mantoue. D'après les conseils du feldzeugmeister baron Hess, les troupes impériales avaient en effet opéré, depuis Milan et Brescia, une retraite continue dont le but était la concentration, entre l'Adige et le Mincio, de toutes les forces que l'Autriche possédait alors en Italie ; mais l'effectif qui allait entrer en ligne de bataille, ne se composait que de sept corps, soit de cent soixante-dix mille hommes, appuyés par environ cinq cents pièces d'artillerie.

Le quartier général impérial avait été transporté de Vérone à Villafranca, puis à Valeggio, et ordre fut donné aux troupes de repasser le Mincio à Peschiera, à Salionze, à Valeggio, à Ferri, à Goïto et à Mantoue. Le gros de l'armée établit ses quartiers de Pozzolengo à Guidizzolo, afin d'attaquer, sur les instigations de plusieurs des lieutenants-feldmaréchaux les plus expérimentés, l'armée franco-sarde entre le Mincio et la Chiese.

Les forces autrichiennes, sous les ordres de l'empereur, formaient deux armées : la première avait à sa tête le feldzeugmeistre comte Wimpffen, ayant sous ses ordres les corps commandés par le prince Edmond de Schwarzenberg, le comte de Schaffgotsche et le baron de Veigl, ainsi que la division de cavalerie du comte Zedtwitz. C'était l'aile gauche ; elle avait pris position dans les environs de Volta, Guidizzolo, Médole et Castel-Goffredo. La seconde armée était commandée par le général de cavalerie comte Schlick, ayant sous ses ordres les lieutenants-feldmaréchaux comte Clam-Gallas, comte Stadion, baron de Zobel et chevalier de Benedek, ainsi que la division de cavalerie du comte Mendsdorff. C'était l'aile droite ; elle tenait Cavriana, Solférino, Pozzolengo et San Martino.

Toutes les hauteurs entre Pozzolengo, Solférino, Cavriana et Guidizzolo étaient donc occupées, le 24 au matin, par les Autrichiens qui avaient établi leur formidable artillerie sur une série de mamelons, formant le centre d'une immense ligne offensive, qui permettait à leur aile droite et à leur aile gauche de se replier sous la protection de ces hauteurs fortifiées qu'ils considéraient comme inexpugnables.

Les deux armées ennemies, quoique marchant l'une contre l'autre, ne s'attendaient pas à s'aborder et à se heurter aussi promptement. Les Autrichiens avaient l'espoir qu'une partie seulement de l'armée alliée avait passé la Chiese, ils ne pouvaient pas connaître les intentions de l'empereur Napoléon, et ils étaient inexactement renseignés. Les Alliés ne croyaient pas non plus rencontrer si brusquement l'armée de l'empereur d'Autriche ; car les reconnaissances, les observations, les rapports des éclaireurs et les ascensions en montgolfières qui eurent lieu dans la journée du 23, n'avaient donné aucun indice d'un retour offensif ou d'une attaque.

Ainsi donc quoiqu'on fût, de part et d'autre, dans l'attente d'une prochaine et grande bataille, la rencontre des Autrichiens et des Franco-Sardes le vendredi 24 juin fut réellement inopinée, trompés qu'ils étaient sur les mouvements respectifs de leurs adversaires.

Chacun a entendu, ou a pu lire quelque récit de la bataille de Solférino. Ce souvenir si palpitant n'est sans doute effacé pour personne, d'autant plus que les conséquences de cette journée se font encore sentir dans plusieurs des États de l'Europe.

Simple touriste, entièrement étranger à cette grande lutte, j'eus le rare privilége, par un concours de circonstances particulières, de pouvoir assister aux scènes émouvantes que je me suis décidé à retracer. Je ne raconte dans ces pages que mes impressions personnelles : on ne doit donc y chercher ni des détails spéciaux, ni des renseignements stratégiques qui ont leur place dans d'autres ouvrages.

Dans cette mémorable journée du 24 juin, plus de trois cent mille hommes se sont trouvés en présence : la ligne de bataille avait cinq lieues d'étendue, et l'on s'est battu durant plus de quinze heures.

L'armée autrichienne, après avoir soutenu la fatigue d'une marche difficile pendant toute la nuit du 23, eut à supporter, dès l'aube du 24, le choc violent de l'armée alliée, et à souffrir ensuite de la chaleur excessive d'unetempérature étouffante, comme aussi de la faim et de la soif, puisque à l'exception d'une double ration d'eau-de-vie, ces troupes n'eurent presque aucune nourriture pendant toute la journée du vendredi. Pour l'armée française, déjà en mouvement avant les premières lueurs du jour, elle n'eut autre chose que le café du matin. Aussi l'épuisement des combattants, et surtout des malheureux blessés, était-il extrême à la fin de cette terrible bataille !

Vers trois heures du matin, le premier et le deuxième corps, commandés par les maréchaux Baraguey d'Hilliers et de Mac-Mahon, se sont ébranlés pour se porter sur Solférino et Cavriana ; mais à peine leurs têtes de colonnes ont-elles dépassé Castiglione qu'ils ont vis-à-vis d'eux des avant-postes autrichiens qui leur disputent le terrain.

Les deux armées sont en alerte.

De tous côtés les clairons sonnent la charge et les tambours retentissent.

L'empereur Napoléon, qui a passé la nuit à Montechiaro, se dirige en toute hâte sur Castiglione.

À six heures le feu est sérieusement engagé.

Les Autrichiens s'avancent, dans un ordre parfait, sur les routes frayées. Au centre de leurs masses compactes aux tuniques blanches, flottent leurs étendards aux couleurs jaunes et noires, blasonnés de l'aigle impérial d'Allemagne.

Parmi tous les corps d'armée qui vont prendre part au combat, la garde française offre un spectacle vraiment imposant. Le jour est éclatant, et la splendide lumière du soleil d'Italie fait étinceler les brillantes armures des dragons, des guides, des lanciers et des cuirassiers.

Dès le commencement de l'action, l'empereur François-Joseph avait quitté son quartier général avec tout son état-major pour se rendre à Volta ; il était accompagné des archiducs de la maison de Lorraine, parmi lesquels on distinguait le grand-duc de Toscane et le duc de Modène.

C'est au milieu des difficultés d'un terrain entièrement inconnu aux Alliés qu'a lieu le premier choc. L'armée française doit se frayer d'abord un passage au travers d'alignements de mûriers, entrelacés par de la vigne, et constituant de véritables obstacles ; le sol est souvent entrecoupé de grands fossés desséchés et de longues murailles de trois à cinq pieds d'élévation, très-larges à leur base et s'amincissant vers le haut : les chevaux sont obligés de gravir ces murailles et de franchir ces fossés.

Les Autrichiens, postés sur les éminences et les collines, foudroient aussitôt de leur artillerie l'armée française sur laquelle ils font pleuvoir une grêle incessante d'obus, de bombes et de boulets.

Aux épais nuages de la fumée des canons et de la mitraille se mêlent la terre et la poussière que soulève, en frappant le sol à coups redoublés, cette énorme nuée de projectiles. C'est en affrontant la foudre de ces batteries qui grondent en vomissant sur eux la mort, que les Français, comme un autre orage qui se déchaîne de la plaine, s'élancent à l'assaut des positions dont ils sont décidés à s'emparer.

Mais c'est pendant la chaleur torride du milieu du jour que les combats qui se livrent de toutes parts, deviennent de plus en plus acharnés.

Des colonnes serrées se jettent les unes sur les autres, avec l'impétuosité d'un torrent dévastateur qui renverse tout sur son passage ; des régiments français se précipitent en tirailleurs sur les masses autrichiennes sans cesse renouvelées, toujours plus nombreuses et plus menaçantes et qui, pareilles à des murailles de fer, soutiennent énergiquement l'attaque ; des divisions entières mettent sac à terre afin de pouvoir mieux se lancer sur l'ennemi, la baïonnette en avant ; un bataillon est-il repoussé, un autre lui succède immédiatement. Chaque mamelon, chaque hauteur, chaque crête de rocher est le théâtre d'un combat opiniâtre : ce sont des monceaux de cadavres sur les collines et dans les ravins.

Ici c'est une lutte corps à corps, horrible, effroyable : Autrichiens et Alliés se foulent aux pieds, s'entretuent sur des cadavres sanglants, s'assomment à coups de crosse, se brisent le crâne, s'éventrent avec le sabre ou la baïonnette ; il n'y a plus de quartier, c'est une boucherie, un combat de bêtes féroces, furieuses et ivres de sang ; les blessés même se défendent jusqu'à la dernière extrémité, celui qui n'a plus d'armes saisit à la gorge son adversaire qu'il déchire avec ses dents.

Là c'est une lutte semblable, mais qui devient plus effrayante par l'approche d'un escadron de cavalerie, il passe au galop : les chevaux écrasent sous leurs pieds ferrés les morts et les mourants ; un pauvre blessé a la mâchoire emportée, un autre la tête écrasée, un troisième qu'on eût pu sauver, a la poitrine enfoncée. Aux hennissements des chevaux se mêlent des vociférations, des cris de rage et des hurlements de douleur et de désespoir.

Plus loin c'est l'artillerie lancée à fond de train et qui suit la cavalerie ; elle se fraie un passage à travers les cadavres et les blessés gisant indistinctement sur le sol : alors les cervelles jaillissent, les membres sont brisés et broyés, les corps rendus méconnaissables, la terre s'abreuve littéralement de sang, et la plaine est jonchée de débris humains.

Les troupes françaises gravissent les mamelons et escaladent avec la plus fougueuse ardeur les collines escarpées et les pentes rocheuses sous la fusillade autrichienne et les éclats des bombes et de la mitraille. À peine un mamelon est-il pris, et quelques compagnies d'élite ont-elles pu parvenir à son sommet, abîmées de fatigue et baignées de sueur, que tombant comme une avalanche sur les Autrichiens, elles les culbutent, les chassent d'un nouveau poste, les refoulent et les poursuivent jusque dans le fond des ravins et des fossés.

Les positions des Autrichiens sont excellentes, retranchés qu'ils sont dans les maisons et dans les églises de Médole, de Solférino et de Cavriana. Mais rien n'arrête, ne suspend ou ne diminue le carnage : on se tue en gros, on se tue en détail ; chaque pli de terrain est enlevé à la baïonnette, les emplacements sont disputés pied à pied ; les villages arrachés, maison après maison, ferme après ferme ; chacune d'elles devient un siége, et les portes, les fenêtres, les cours ne sont plus qu'un affreux pêle-mêle d'égorgements.

La mitraille française produit un effroyable désordre dans les masses autrichiennes, qu'elle atteint à des distances prodigieuses ; elle couvre les coteaux de corps morts, et elle porte le ravage jusque dans les réserves éloignées de l'armée allemande. Mais si les Autrichiens cèdent le terrain, ils ne le cèdent que pas à pas et pour reprendre bientôt l'offensive ; leurs rangs se reforment sans cesse, pour être bientôt encore enfoncés de nouveau.

Dans la plaine le vent soulève les flots de poussière dont les routes sont inondées, il en forme des nuages compactes qui obscurcissent l'air et aveuglent les combattants.

Si la lutte semble par moments s'arrêter ici ou là, c'est pour recommencer avec plus de force. Les réserves fraîches des Autrichiens remplissent les vides que fait dans leurs rangs la furie d'une attaque aussi tenace que meurtrière. L'on entend constamment tantôt d'un côté, tantôt d'un autre les tambours battre et les clairons sonner la charge.

La garde se comporte avec le plus noble courage. Les voltigeurs, les chasseurs et la troupe de ligne avec eux rivalisent de valeur et d'audace. Les zouaves se précipitent à la baïonnette, bondissant comme des bêtes fauves et poussant des cris furieux. La cavalerie française fond sur la cavalerie autrichienne : uhlans et hussards se transpercent et se déchirent ; les chevaux excités par l'ardeur du combat participent eux-mêmes à cette fureur, ils se jettent sur les chevaux ennemis qu'ils mordent avec rage pendant que leurs cavaliers se sabrent et se pourfendent.

L'acharnement est tel que sur quelques points, les munitions étant épuisées et les fusils brisés, on s'assomme à coups de pierres, on se bat corps à corps. Les Croates égorgent tout ce qu'ils rencontrent ; ils achèvent les blessés de l'armée alliée et les font mourir à coups de crosse, tandis que les tirailleurs algériens, malgré les efforts de leurs chefs pour calmer leur férocité, frappent de même les malheureux mourants, officiers ou soldats autrichiens, et se ruent sur les rangs opposés avec des rugissements sauvages et des cris effroyables.

Les positions les plus fortes sont prises, perdues, puis reprises, pour être perdues encore et de nouveau reconquises. Partout les hommes tombent, par milliers, mutilés, éventrés, troués de balles ou mortellement atteints par des projectiles de toute espèce.

Quant au spectateur posté sur les hauteurs qui avoisinent Castiglione, s'il ne peut suivre exactement le plan de la bataille, il comprend cependant que c'est le centre des troupes alliées que les Autrichiens cherchent à enfoncer, pour ralentir et arrêter les attaques contre Solférino, que sa position admirable va rendre le point capital de la bataille ; il devine les efforts de l'empereur des Français pour relier les différents corps de son armée, afin que ceux-ci puissent se soutenir et s'appuyer mutuellement.

L'empereur Napoléon, avec un coup d'œil également prompt et habile, voyant que les troupes autrichiennes manquent d'une direction d'ensemble forte et homogène, ordonne aux corps d'armée Baraguey d'Hilliers et de Mac-Mahon, puis bientôt à sa garde commandée par le brave maréchal Regnaud de Saint-Jean d'Angely, d'attaquer simultanément les retranchements de Solférino et de San Cassiano, et d'enfoncer ainsi le centre ennemi composé des corps d'armée Stadion, Clam-Gallas et Zobel, qui ne viennent que successivement défendre ces positions si importantes.

À San Martino, le valeureux et intrépide feldmaréchal Benedek, avec une partie seulement de la seconde armée autrichienne, tient tête, toute la journée, à l'armée sarde luttant héroïquement sous les ordres de son roi qui l'électrise par sa présence.

L'aile droite de l'armée alliée, composée des corps commandés par le général Niel et le maréchal Canrobert, résiste avec une énergie indomptable à la première armée allemande, commandée par le comte Wimpffen, mais dontles trois corps Schwarzenberg, Schaffgotsche et de Veigl ne peuvent parvenir à agir de concert.

Se conformant ponctuellement aux ordres de l'empereur Napoléon en gardant une position expectante qui n'est pas sans avoir sa raison d'être tout à fait plausible, le maréchal Canrobert n'engage pas dès le matin ses forces disponibles ; cependant la plus grande partie de son corps d'armée, les divisions Renault et Trochu et la cavalerie du général Partouneaux finissent par prendre une très-vive part à l'action.

Si le maréchal Canrobert est d'abord arrêté par l'attente de voir arriver sur lui le corps d'armée du prince Édouard de Liechtenstein non compris dans les deux armées autrichiennes, mais qui sorti le matin même de Mantoue préoccupait l'empereur Napoléon, le corps Liechtenstein à son tour est complètement paralysé par l'appréhension de l'approche du corps d'armée du prince Napoléon, dont la division d'Autemarre venait de Plaisance.

Ce sont les généraux Forey et de Ladmirault qui, avec leurs vaillantes colonnes, ont eu les prémices de l'engagement de cette mémorable journée ; ils deviennent maîtres, après des combats indescriptibles, des crêtes et des collines qui aboutissent au gracieux mamelon des Cyprès, rendu pour jamais célèbre, avec la Tour et le cimetière de Solférino, par l'horrible tuerie dont ces localités furent les glorieux témoins et le sanglant théâtre ; ce mont des Cyprès est enfin emporté d'assaut, et sur le sommet le colonel d'Auvergne fait flotter son mouchoir au bout de son épée en signe de victoire.

Mais ces succès sont chèrement achetés par les pertes sensibles que font les Alliés. Le général de Ladmirault a l'épaule fracturée par une balle : c'est à peine si cet héroïque blessé consent à se laisser panser dans une ambulance établie dans la chapelle d'un petit hameau, et malgré la gravité de sa blessure, il retourne à pied au combat où il continue à animer ses bataillons, lorsqu'une seconde balle l'atteint à la jambe gauche.

Le général Forey, toujours calme et impassible au milieu des difficultés de sa position, est blessé à la hanche, le caban blanc qu'il porte sur son uniforme est percé de balles, ses aides-de-camp sont frappés à côté de lui ; l'un d'eux, le capitaine de Kervenoël, âgé de vingt-cinq ans, a le crâne emporté par un éclat d'obus.

Au pied du mamelon des Cyprès et comme il portait en avant ses tirailleurs, le général Dieu, renversé de cheval, tombe blessé mortellement ; et le général Douay est aussi blessé non loin de son frère, le colonel Douay, qui est tué. Le général de brigade Auger a le bras gauche fracassé par un boulet, et gagne son grade de général de division sur ce champ de bataille qui lui coûtera la vie.

Les officiers français, toujours en avant, agitant en l'air leur épée et entraînant par leur exemple les soldats qui les suivent, sont décimés à la tête de leurs bataillons où leurs décorations et leurs épaulettes les désignent aux coups des chasseurs tyroliens.

Que de drames, que d'épisodes de tous genres, que de péripéties émouvantes !

Au premier régiment de chasseurs d'Afrique, et à côté du lieutenant-colonel Laurans des Ondes qui tombe soudainement frappé à mort, le sous-lieutenant de Salignac Fénelon, âgé seulement de vingt-deux ans, enfonce un carré autrichien et paie de sa vie ce brillant exploit.

Le colonel de Maleville qui sous le feu terrible de l'ennemi, à la ferme de la Casa Nova, se voit accablé par le nombre, et dont le bataillon n'a plus de munitions, saisit le drapeau du régiment et s'élance en avant en s'écriant : Qui aime son drapeau, me suive ! Ses soldats, quoique exténués de faim et de fatigue, se précipitent à sa suite à la baïonnette : une balle lui brise la jambe, mais malgré de cruelles souffrances il continue à commander en se faisant soutenir sur son cheval.

Près de là, le chef de bataillon Hébert est tué en s'engageant au plus fort du danger pour empêcher la perte d'une aigle ; renversé et foulé aux pieds il trouve encore la force de crier aux siens avant de mourir : Courage, mes enfants !

Au mamelon de la tour de Solférino, le lieutenant Monéglia, des chasseurs à pied de la garde, prend à lui seul six pièces d'artillerie, dont quatre canons attelés et commandés par un colonel autrichien qui lui remet son épée.

Le lieutenant de Guiseul qui porte le drapeau d'un régiment de la ligne, est enveloppé avec son bataillon par des forces dix fois supérieures ; atteint d'un coup de feu, il roule à terre en pressant contre sa poitrine son précieux dépôt ; un sergent se saisit du drapeau pour le sauver des mains de l'ennemi, il a la tête emportée par un boulet ; un capitaine s'empare de la hampe, il est frappé lui-même et teint de son sang l'étendard qui se brise et se déchire ; tous ceux qui le portent, sous-officiers et soldats, tombent blessés tour à tour, mais vivants et morts lui font un dernier rempart de leurs corps ; enfin ce glorieux débris finit par demeurer, tout mutilé, entre les mains d'un sergent-major du régiment du colonel Abattucci.

Le commandant de La Rochefoucauld Liancourt, intrépide chasseur d'Afrique, s'élance contre des carrés hongrois, mais son cheval est criblé de balles, lui-même tombe blessé par deux coups de feu, et il est fait prisonnier par les Hongrois qui ont refermé leur carré.

À Guidizzolo, le prince Charles de Windisch-Graetz, vaillant colonel autrichien, cherche en vain à la tête de son régiment à reprendre et à enlever la forte position de Casa Nova. Cet infortuné prince, noble et généreux héros, brave une mort certaine, et quoique blessé mortellement il commande encore ; ses soldats le soutiennent, ils l'ont pris dans leurs bras, ils demeurent immobiles sous une grêle de balles, lui formant ainsi un dernier abri ; ils savent qu'ils vont mourir, mais ils ne veulent pas abandonner leur colonel qu'ils respectent et qu'ils aiment, et qui bientôt expire.

C'est aussi en combattant avec la plus grande valeur que les lieutenants-feldmaréchaux comte de Crenneville et comte Palffy sont gravement blessés et, dans le corps d'armée du baron de Veigl, le feldmaréchal Blomberg et son général-major Baltin. Le baron Sturmfeder, le baron Pidoll et le colonel de Mumb sont tués. Les lieutenants de Steiger et de Fischer tombent vaillamment, non loin du jeune prince d'Isembourg qui, plus heureux qu'eux, sera relevé du champ de bataille encore avec un souffle de vie.

Le maréchal Baraguey d'Hilliers suivi des généraux Lebœuf, Bazaine, de Négrier, Douay, d'Alton, Forgeot, des colonels Cambriels, Micheler, a pénétré dans le village de Solférino défendu par le comte Stadion avec les lieutenants-feldmaréchaux Paldy et Sternberg, dont les brigades Bils, Puchner, Gaal, Koller et Festetics repoussent longtemps les attaques les plus violentes, dans lesquelles se signalent le général Camou avec ses chasseurs et ses voltigeurs, les colonels Brincourt et de Taxis, qui sont blessés, et le lieutenant-colonel Hémard, qui a la poitrine traversée de deux balles.

Le général Desvaux, avec sa bravoure habituelle et son admirable sang-froid, soutient à la tête de sa cavalerie et dans une lutte épouvantable le choc formidable de l'infanterie hongroise : toujours en avant de sa division dans les endroits les plus exposés, il seconde par l'élan irrésistible de ses escadrons l'offensive vigoureuse du général Trochu contre les corps d'armée de Veigl, Schwarzenberg et Schaffgotsche à Guidizzolo et à Rebecco, où se distinguent également, contre la cavalerie Mensdorff, les généraux Morris et Partouneaux.

L'inébranlable constance du général Niel qui tient tête, dans la plaine de Médole, avec les généraux de Failly, Vinoy et de Luzy aux trois grandes divisions de l'armée du comte Wimpffen, permet au maréchal de Mac-Mahon, avec les généraux de La Motterouge et Decaen et la cavalerie de la garde, d'arriver sur les mamelons de San Cassiano et de Cavriana en contournant les hauteurs qui forment la clef de ces positions, et de s'établir sur cette succession de collines parallèles où sont agglomérées les troupes des feldmaréchaux Clam-Gallas et Zobel ; mais le chevaleresque prince de Hesse, l'un des héros de l'armée autrichienne, bien digne de se mesurer avec l'illustre vainqueur de Magenta, et qui s'est engagé si intrépidement à San Cassiano, défend contre des assauts redoublés les trois mamelons du mont Fontana. Le général de Sévelinges y fait hisser sous les balles autrichiennes ses canons rayés, les grenadiers de la garde s'y attellent, les chevaux ne pouvant gravir ces pentes escarpées ; et, pour que les batteries transportées si originalement sur ces collines puissent lancer la foudre sur l'ennemi, les grenadiers approvisionnent de munitions les artilleurs en faisant tranquillement la chaîne depuis les caissons restés dans la plaine.

Le général de La Motterouge demeure enfin maître de Cavriana, malgré la résistance acharnée et les retours offensifs des jeunes officiers allemands qui ramènent à diverses reprises leurs détachements au combat.

Les voltigeurs du général Manèque regarnissent, au moyen de celles des grenadiers, leurs gibernes épuisées, mais bientôt, de nouveau à bout de munitions, ils se lancent à la baïonnette sur les hauteurs entre Solférino et Cavriana et, quoique luttant contre des forces considérables, ils s'emparent de ces positions avec l'aide du brave général Mellinet.

Henri Dunant

Rebecco tombe au pouvoir des Alliés, puis retombe entre les mains des Autrichiens, pour être de nouveau enlevé, puis ressaisi, et demeurer en définitive en possession du général Renault.

À l'attaque du mont Fontana les tirailleurs algériens sont décimés, leurs colonels Laure et Herment sont tués, leurs officiers succombent en grand nombre, ce qui redouble leur fureur : ils s'excitent à venger leur mort et se précipitent, avec la rage de l'Africain et le fanatisme du Musulman, sur leurs ennemis qu'ils massacrent avec frénésie sans trêve ni relâche et comme des tigres altérés de sang.

Les Croates se jettent à terre, se cachent dans les fossés, laissant approcher leurs adversaires, puis se relevant subitement ils les tuent à bout portant.

À San Martino, un officier de bersagliers, le capitaine Pallavicini est blessé, ses soldats le reçoivent dans leurs bras, ils le portent et le déposent dans une chapelle où il reçoit les premiers soins, mais les Autrichiens, momentanément repoussés, reviennent à la charge et pénètrent dans cette église : les bersagliers, trop peu nombreux pour résister, sont forcés d'abandonner leur chef ; aussitôt des Croates, saisissant de grosses pierres qui se trouvent à la porte, en écrasent la tête du pauvre capitaine dont la cervelle rejaillit sur leurs tuniques.

C'est au milieu de ces combats si divers sans cesse et partout renouvelés qu'on entend sortir des imprécations de la bouche d'hommes de tant de nations différentes, dont beaucoup sont contraints d'être homicides à vingt ans !

Au plus fort de la mêlée, alors que la terre tremblait sous un ouragan de fer, de soufre et de plomb dont les volées meurtrières balayaient le sol, et que, de toutes parts, sillonnant les airs avec furie comme des éclairs toujours mortels, des lignes de feu ajoutaient de nouveaux martyrs à cette hécatombe humaine, l'aumônier de l'empereur Napoléon, l'abbé Laine parcourait les ambulances en portant aux mourants des paroles de consolation et de sympathie.

Un sous-lieutenant de la ligne a le bras gauche brisé par un biscaïen et le sang coule abondamment de sa blessure ; assis sous un arbre il est mis en joue par un soldat hongrois, mais celui-ci est arrêté par un de ses officiers qui, s'approchant aussitôt du jeune blessé français, lui serre la main avec compassion et ordonne de le porter dans un endroit moins dangereux.

Des cantinières s'avancent comme de simples troupiers sous le feu même de l'ennemi, elles vont relever de pauvres soldats mutilés qui demandent de l'eau avec instance, et elles-mêmes sont blessées en leur donnant à boire et en essayant de les soigner.[1] À côté se débat, sous le poids de son cheval tombé lourdement sur lui atteint par un éclat d'obus, un officier de hussards affaibli par le sang qui sort de ses propres blessures ; et près de là, c'est un cheval échappé qui passe, entraînant dans sa course précipitée le cadavre ensanglanté de son cavalier ; plus loin des chevaux, plus humains que ceux qui les montent, évitent à chaque pas de fouler sous leurs pieds les victimes de cette bataille furieuse et passionnée.

Un officier de la Légion étrangère est renversé par une balle qui l'étend raide mort ; son chien qui lui était fort attaché, qu'il avait ramené d'Algérie et qui était l'ami de tout le bataillon, marchait avec lui ; emporté par l'élan des troupes il tombe à son tour quelques pas plus loin frappé, lui aussi, d'une balle, mais il trouve encore la force de se traîner pour revenir mourir sur le corps de son maître. Dans un autre régiment, une chèvre, adoptée par un voltigeur et affectionnée par tous les soldats, monte impunément à l'assaut de Solférino au travers des balles et de la mitraille.

Combien de braves militaires qui ne sont point arrêtés par une première blessure, et qui continuent à marcher en avant jusqu'à ce que de nouveau atteints ils soient jetés à terre et mis hors d'état de poursuivre la lutte, tandis qu'ailleurs au contraire des bataillons entiers exposés au feu le plus meurtrier doivent attendre immobiles l'ordre d'avancer, et sont forcés de rester spectateurs tranquilles, mais bouillants d'impatience, d'un combat qui les décime.

Les Sardes défendent et attaquent dans des engagements et par des assauts, répétés depuis le matin jusqu'au soir, les mamelons de San

---

1 Ce sont peut-être celles qui ont été brûlées par les Mexicains le 9 juin 1862, attachées toutes vivantes par des chaînes à des chariots de poudre, avec dix soldats qui, conduisant un convoi de vivres et de munitions au camp français depuis la Vera-Cruz, se trouvèrent enveloppés par des guérillas à une lieue environ de la Tejeria.

Martino, du Roccolo, de la Madonna della Scoperta, lesquels sont pris et repris cinq et six fois de suite, et ils finissent par demeurer maîtres de Pozzolengo, quoique agissant par divisions, successivement et avec peu d'ensemble. Leurs généraux Mollard, de La Marmora, Della Rocca, Durando, Fanti, Cialdini, Cucchiari, de Sonnaz, avec les officiers de toutes armes et de tous grades, secondent les efforts de leur roi, sous les yeux duquel sont blessés les généraux Perrier, Cerale et Arnoldi.

Dans l'armée française, après les maréchaux et les généraux de division, comment ne pas mentionner la part glorieuse qui revient aussi à ces vaillants généraux de brigade et à tous ces brillants colonels, à tant de courageux commandants et de braves capitaines, qui ont contribué si efficacement au résultat final de cette grande journée ? Et certes, il y avait de la gloire à combattre et à vaincre des guerriers tels qu'un prince Alexandre de Hesse, un Stadion, un Benedek, ou un Charles de Windisch-Graetz ![1]

« Il semblait que le vent nous eût poussés, » disait pittoresquement un simple petit soldat de la ligne, pour donner l'idée de l'entrain et de l'enthousiasme de ses camarades à se jeter avec lui dans la mêlée ; « l'odeur de la poudre, le bruit du canon, les tambours qui battent et les clairons qui retentissent, ça vous anime, ça vous excite ! » Dans cette lutte en effet chaque homme semblait se battre comme si sa propre réputation était personnellement en jeu, et qu'il dût faire de la victoire son affaire particulière.

---

1 Au sujet du général Forey, empruntons quelques mots qui le concernent au beau livre de M. le colonel fédéral Edmond Favre, *L'Armée prussienne et les manœuvres de Cologne en 1861* :

« Le roi nous fit tous inviter à dîner ce jour même au château de Benrath, près de Dusseldorf... Avant de se mettre à table, le roi prit par la main le général Forey et le général Paumgarten : « Maintenant que vous êtes amis leur dit-il en riant, asseyez-vous là, l'un à côté de l'autre, et causez. » Or Forey était le vainqueur de Montebello et Paumgarten son adversaire : ils ont pu tout à leur aise s'enquérir mutuellement de tous les détails de la journée. À voir le sourire loyal du général autrichien, on sentait que le temps de la rancune était passé ; quant au général français, nous savons tous qu'il n'avait aucune raison d'en avoir. C'est là la guerre, c'est là le soldat : ces deux généraux de si bon accord cet automne, s'écharperont peut-être l'année prochaine, pour dîner de nouveau ensemble quelque part dans deux ans ! »

Il y a réellement un élan et une bravoure toute spéciale chez ces intrépides sous-officiers de l'armée française pour lesquels il n'existe pas d'obstacles, et qui, suivis de leurs soldats, se précipitent aux endroits les plus périlleux ou les plus exposés, comme s'ils couraient à une fête. C'est bien là sans doute ce qui constitue, en partie, la supériorité de l'armée française sur les armées des autres grandes nations du monde.

Les troupes de l'empereur François-Joseph se sont repliées : l'armée du comte Wimpffen a reçu, la première, ordre de son chef de commencer la retraite, avant même que le maréchal Canrobert ait déployé toutes ses forces ; et l'armée du comte Schlick, malgré la fermeté du comte Stadion, trop faiblement secondé par les lieutenants-feld-maréchaux Clam-Gallas et Zobel, sauf la division du prince de Hesse, a dû abandonner toutes les positions dont les Autrichiens avaient fait autant de forteresses.

Le ciel s'est obscurci et d'épais nuages couvrent tout à coup l'horizon, le vent se déchaîne avec fureur, et il enlève dans l'espace les branches des arbres qui se brisent ; une pluie froide et chassée par l'ouragan ou plutôt une véritable trombe inonde les combattants déjà exténués de faim et de fatigue, en même temps que des rafales et des tourbillons de poussière aveuglent les soldats, obligés de lutter aussi contre les éléments. Les Autrichiens, battus par la tempête, se rallient néanmoins à la voix de leurs officiers, mais vers cinq heures l'acharnement est suspendu, de part et d'autre, par des torrents de pluie, par la grêle, les éclairs, les tonnerres et par l'obscurité qui envahit le champ de bataille.

Pendant toute la durée de l'action le chef de la maison de Habsbourg montre un calme et un sang-froid admirables ; la prise de Cavriana le trouve, avec le comte Schlick et son aide-de-camp le prince de Nassau, sur une hauteur voisine, la Madonna della Pieve près d'une église entourée de cyprès. Lorsque le centre autrichien eut cédé, et que l'aile gauche ne conserva plus aucun espoir de forcer la position des Alliés, la retraite générale fut décidée, et l'empereur, dans ce moment solennel, se résigne à se diriger, avec une partie de son état-major, du côté de Volta, tandis que les archiducs et le grand-duc héréditaire de Toscane se retirent à Valeggio. Sur plusieurs points la panique s'empare des troupes allemandes, et pour quelques régiments la retraite se change en une complète déroute ; en vain leurs officiers qui se sont battus comme des lions, cherchent à les retenir ; les exhortations, les injures, les coups de sabre, rien ne les arrête, leur épouvante est trop grande, et ces soldats qui pourtant ont combattu courageusement, préfèrent maintenant se laisser frapper et insulter plutôt que de ne pas fuir.

Le désespoir de l'empereur d'Autriche est immense : lui qui s'est comporté en véritable héros, et qui a vu, toute la journée, les balles et les boulets pleuvoir autour de lui, il ne peut s'empêcher de pleurer devant ce désastre ; transporté de douleur, il s'élance même, au travers des routes, au-devant des fuyards pour leur reprocher leur lâcheté. Lorsque le calme eut succédé aux explosions de cette véhémente exaltation, il contemple en silence ce théâtre de désolation, de grosses larmes coulent sur ses joues, et ce n'est que sur les instances de ses aides-de-camp qu'il consent à quitter Volta et à partir pour Valeggio.

Dans leur consternation des officiers autrichiens se font tuer de désespoir et de rage, mais non sans vendre chèrement leur vie ; plusieurs se tuent eux-mêmes de chagrin et de colère, ne voulant pas survivre à cette fatale défaite, et la plupart ne rejoignent leurs régiments que tout couverts du sang de leurs blessures ou de celui de l'ennemi. Rendons à leur bravoure l'hommage qu'elle mérite.

L'empereur Napoléon se montra, pendant toute la journée, partout où sa présence pouvait être nécessaire : accompagné du maréchal Vaillant, major-général de l'armée, du général de Martimprey, aide-major-général, du comte Roguet, du comte de Montebello, du général Fleury, du prince de la Moskowa, des colonels Reille, Robert, de toute sa maison militaire et de l'escadron des cent-gardes, il a constamment dirigé la bataille en se portant sur les points où il fallait triompher des obstacles les plus difficiles, sans s'inquiéter du danger qui le menaçait sans cesse ; au mont Fenile, le baron Larrey, son chirurgien, eut un cheval tué sous lui, et plusieurs cent-gardes de l'escorte furent atteints. Il logea à Cavriana dans la maison où le jour même s'était arrêté l'empereur d'Autriche, et c'est de là qu'il adressa une dépêche à l'Impératrice, pour lui annoncer sa victoire.

L'armée française campa sur les positions qu'elle avait conquises dans la journée : la garde bivouaquait entre Solférino et Cavriana, les deux premiers corps occupèrent les hauteurs voisines de Solférino, le troisième corps était à Rebecco, et le quatrième à Volta.

Guidizzolo demeura occupé jusqu'à dix heures du soir par les Autrichiens dont la retraite fut couverte, à l'aile gauche, par le feldmaréchal de Veigel, et à l'aile droite par le feldmaréchal Benedek qui, resté maître de Pozzolengo jusqu'à une heure avancée de la nuit, protégea la marche rétrograde des comtes Stadion et Clam-Gallas, dans laquelle se comportèrent très-honorablement les brigades Koller et Gaal et le régiment Reischach. Sous la conduite du prince de Hesse les brigades Brandenstein et Wussin s'étaient dirigées sur Volta, d'où elles facilitèrent le passage du Mincio à l'artillerie par Borghetto et Valeggio.

Les soldats autrichiens errants sont rassemblés et emmenés à Valeggio ; les routes sont couvertes soit de bagages appartenant aux différents corps, soit d'équipages de ponts et de réserves d'artillerie, qui se pressent et se culbutent pour atteindre au plus vite le défilé de Valeggio ; le matériel du train est sauvé par la construction rapide de ponts volants. Les premiers convois, composés d'hommes légèrement blessés, commençaient en même temps à entrer dans Villafranca, les soldats plus grièvement atteints leur succédèrent, et pendant toute la durée de cette nuit si triste l'affluence en fut énorme ; les médecins pansaient leurs plaies, les réconfortaient par quelques aliments et les expédiaient, par les wagons du chemin de fer, sur Vérone, où l'encombrement devint effroyable. Mais quoique dans sa retraite l'armée ait enlevé tous les blessés qu'elle peut transporter avec ses voitures et des charrettes de réquisition, combien de ces infortunés sont laissés gisant abandonnés sur la terre humide de leur sang !

Vers la fin de la journée et alors que les ombres du crépuscule s'étendaient sur ce vaste champ de carnage, plus d'un officier ou d'un soldat français cherchait, ici ou là, un camarade, un compatriote, un ami ; trouvait-il un militaire de sa connaissance, il s'agenouillait auprès de lui, il tâchait de le ranimer, lui serrait la main, étanchait son sang, ou entourait d'un mouchoir le membre fracturé, mais sans pouvoir réussir à se procurer de l'eau pour le pauvre patient. Que de larmes silencieuses ont été répandues dans cette lamentable soirée, alors que tout faux amour-propre, que tout respect humain était mis de côté !

Au moment de l'action, des ambulances volantes avaient été établies dans des fermes, des maisons, des églises et des couvents du voisinage, ou même en plein air à l'ombre de quelques arbres : là, les officiers blessés dans la matinée avaient subi une espèce de pansement, et après eux les sous-officiers et les soldats ; tous les chirurgiens français ont montré un dévouement infatigable, plusieurs ne se permirent, pendant plus de vingt-quatre heures, aucun instant de repos ; deux d'entre eux qui étaient à l'ambulance placée sous les ordres du docteur Méry, médecin en chef de la garde, eurent tant de membres à couper et de pansements à faire qu'ils s'évanouirent ; et dans une autre ambulance, un de leurs collègues, épuisé de fatigue, fut obligé, pour pouvoir continuer son office, de se faire soutenir les bras par deux soldats.

Lors d'une bataille un drapeau noir, fixé sur un point élevé, indique ordinairement le poste des blessés ou les ambulances des régiments engagés dans l'action, et par un accord tacite et réciproque on ne tire pas dans ces directions ; quelquefois néanmoins les bombes y arrivent, sans épargner les officiers comptables et les infirmiers, ni les fourgons chargés de pain, de vin, et de viande destinée à faire du bouillon pour les malades. Ceux des soldats blessés qui sont encore capables de marcher, se rendent d'eux-mêmes à ces ambulances volantes ; dans le cas contraire on les transporte au moyen de brancards ou de civières, affaiblis qu'ils sont souvent par des hémorragies et par la privation prolongée de tout secours.

Sur cette vaste étendue de pays si accidentée, de plus de vingt kilomètres de longueur, et après les phases de bouleversement qu'entraînait un conflit aussi gigantesque, soldats, officiers et généraux ne peuvent savoir qu'imparfaitement l'issue de tous les combats qui se sont livrés, et pendant l'action même c'est à peine s'ils pouvaient connaître ou apprécier bien sûrement ce qui se passait à côté d'eux ; cette ignorance s'était compliquée dans l'armée autrichienne par la confusion ou l'absence de commandements généraux, exacts et précis.

Les hauteurs qui s'étendent de Castiglione à Volta étincellent de milliers de feux, alimentés par des débris de caissons autrichiens, et par les branches d'arbres que les boulets et l'orage ont abattues ; les soldats font sécher à ces feux leurs vêtements mouillés, et dorment sur les cailloux ou sur le sol ; mais ceux qui sont valides ne se reposent pas encore, il faut trouver de l'eau pour faire de la soupe ou du café, après cette journée sans repos et sans nourriture.

Que d'épisodes navrants et de déceptions de toute espèce ! Ce sont

Un souvenir de Solférino

des bataillons entiers qui n'ont point de vivres, et des compagnies auxquelles on avait fait mettre sac à terre et qui sont dénuées de tout ; ailleurs c'est l'eau qui manque, et la soif est si intense qu'officiers et soldats recourent à des mares boueuses, fangeuses et remplies de sang caillé.

Des hussards qui revenaient au bivouac, entre dix et onze heures du soir, et qui avaient dû, quoique accablés de lassitude, aller en corvée chercher de l'eau et du bois à de fortes distances pour pouvoir faire du café, rencontrèrent tant de mourants tout le long de leur chemin, les suppliant de leur donner à boire, qu'ils vidèrent presque tous leurs bidons en s'acquittant de ce devoir charitable. Cependant leur café put enfin se faire, mais à peine était-il prêt que des coups de feu se faisant entendre dans le lointain, l'alerte fut donnée ; aussitôt les hussards sautent à cheval et partent précipitamment dans la direction de la fusillade, sans avoir eu le temps de boire leur café qui est renversé dans le tumulte ; mais bientôt ils s'aperçoivent que ce qu'ils avaient pris pour l'ennemi revenant à la charge, était tout simplement des coups de fusil partis des avant-postes français, dont les vedettes faisaient feu sur leurs propres soldats cherchant aussi de l'eau et du bois, et que ces sentinelles avaient cru être des Autrichiens. Après cette alerte, les cavaliers revinrent harassés se jeter sur la terre pour y dormir le reste de la nuit, sans avoir pris aucun aliment, mais leur retour ne s'effectua pas sans rencontrer encore de nombreux blessés qui demandaient toujours à boire. Un Tyrolien qui gisait non loin de leur bivouac, leur adressait des supplications qui ne pouvaient plus être exaucées, car l'eau manquait entièrement ; le lendemain matin on le trouva mort, l'écume à la bouche et la bouche pleine de terre ; son visage gonflé était vert et noir ; il s'était tordu dans d'atroces convulsions jusqu'au matin, et les ongles de ses mains crispées étaient recourbés.

Dans le silence de la nuit on entend des gémissements, des soupirs étouffés pleins d'angoisse et de souffrance, et des voix déchirantes qui appellent du secours. Qui pourra jamais redire les agonies de cette horrible nuit !

Le soleil du 25 éclaira l'un des spectacles les plus affreux qui se puissent présenter à l'imagination. Le champ de bataille est partout couvert de cadavres d'hommes et de chevaux ; les routes, les fossés,

Henri Dunant

les ravins, les buissons, les prés sont parsemés de corps morts, et les abords de Solférino en sont littéralement criblés. Les champs sont ravagés, les blés et les maïs sont couchés, les haies renversées, les vergers saccagés, de loin en loin on rencontre des mares de sang. Les villages sont déserts, et portent les traces des ravages de la mousqueterie, des fusées, des bombes, des grenades et des obus ; les murs sont ébranlés et percés de boulets qui ont ouvert de larges brèches ; les maisons sont trouées, lézardées, détériorées ; leurs habitants qui ont passé près de vingt heures cachés et réfugiés dans leurs caves, sans lumière et sans vivres, commencent à en sortir, leur air de stupeur témoigne du long effroi qu'ils ont éprouvé.

Aux environs de Solférino, mais surtout dans le cimetière de ce village, le sol est jonché de fusils, de sacs, de gibernes, de gamelles, de shakos, de casques, de képis, de bonnets de police, de ceinturons, enfin de toutes sortes d'objets d'équipement, et même de débris de vêtements souillés de sang, ainsi que de monceaux d'armes brisées.

Les malheureux blessés qu'on relève pendant toute la journée sont pâles, livides, anéantis ; les uns, et plus particulièrement ceux qui ont été profondément mutilés, ont le regard hébété et paraissent ne pas comprendre ce qu'on leur dit, ils attachent sur vous des yeux hagards, mais cette prostration apparente ne les empêche pas de sentir leurs souffrances ; les autres sont inquiets et agités par un ébranlement nerveux et un tremblement convulsif ; ceux-là, avec des plaies béantes où l'inflammation a déjà commencé à se développer, sont comme fous de douleur, ils demandent qu'on les achève, et ils se tordent, le visage contracté, dans les dernières étreintes de l'agonie.

Ailleurs, ce sont des infortunés qui non-seulement ont été frappés par des balles ou des éclats d'obus qui les ont jetés à terre, mais encore dont les bras ou les jambes ont été brisés par les roues des pièces d'artillerie qui leur ont passé sur le corps. Le choc des balles cylindriques fait éclater les os dans tous les sens, de telle sorte que la blessure qui en résulte est toujours fort grave ; les éclats d'obus, les balles coniques produisent aussi des fractures excessivement douloureuses et des ravages intérieurs souvent terribles. Des esquilles de toute nature, des fragments d'os, des parcelles de vêtement, d'équipement ou de chaussure, de la terre, des morceaux de plomb compliquent et irritent souvent les plaies du patient et redoublent ses angoisses.

Celui qui parcourt cet immense théâtre des combats de la veille y rencontre à chaque pas, et au milieu d'une confusion sans pareille, des désespoirs inexprimables et des misères de tous genres.

Des régiments avaient mis sac à terre, et le contenu des sacs de plusieurs bataillons a disparu, des paysans lombards et des tirailleurs algériens s'étant emparés de tout ce qui leur est tombé sous la main : c'est ainsi que les chasseurs et les voltigeurs de la garde qui avaient déposé leurs sacs près de Castiglione, pour monter plus facilement à l'assaut de Solférino, en allant au secours de la division Forey, et qui avaient couché dans les environs de Cavriana après avoir combattu jusqu'au soir en avançant toujours, le lendemain, de grand matin, courent à leurs sacs, mais ces sacs étaient vides, on avait tout pris pendant la nuit ; la perte était cruelle pour ces pauvres militaires dont le linge et les vêtements d'uniforme sont salis et souillés, ou bien usés et déchirés, et qui se voient privés en même temps de leurs effets, peut-être de leurs modestes économies composant toute leur petite fortune, comme aussi d'objets d'affection, rappelant la famille et la patrie ou donnés par des mères, des sœurs, des fiancées.

En plusieurs endroits les morts sont dépouillés par des voleurs qui ne respectent même pas toujours de malheureux blessés encore vivants ; les paysans lombards sont surtout avides de chaussures, qu'ils arrachent brutalement des pieds enflés des cadavres.

À ces scènes déplorables se mêlent des drames solennels et des épisodes pathétiques. Ici, c'est le vieux général Le Breton qui erre à la recherche de son gendre, le général Douay blessé, et qui a laissé sa fille, l'épouse du général Douay, à quelques lieues de distance, au milieu du tumulte et dans l'inquiétude la plus poignante. Là, c'est le corps du lieutenant-colonel de Neuchèze, qui ayant vu son chef, le colonel Vaubert de Genlis, renversé de cheval et dangereusement blessé, avait été frappé d'une balle au cœur en s'élançant pour prendre le commandement. Non loin est le colonel de Genlis lui-même, agité par une fièvre ardente, et auquel on donne les premiers soins, et le sous-lieutenant de Selve de Sarran, de l'artillerie à cheval, qui, sorti depuis un mois de Saint-Cyr, va subir l'amputation du bras droit. Voilà un pauvre sergent-major des chasseurs de Vincennes, qui a les deux jambes traversées par des balles, que je reverrai dans un hôpital de Brescia, que je retrouverai encore dans un des wagons du chemin de fer qui me reconduira de Milan à Turin, et qui doit mourir des suites de ses blessures en passant le Mont Cenis. Le lieutenant de Guiseul, qu'on croyait mort, est relevé sur l'emplacement où, tombé avec son drapeau, il était resté sans connaissance. Tout près, et comme au centre d'un abattis de lanciers et de chasseurs autrichiens, de turcos et de zouaves, et dans son élégant uniforme oriental, gît le cadavre d'un officier musulman, le lieutenant de tirailleurs algériens Larbi ben Lagdar, dont le visage hâlé et bruni repose sur la poitrine déchirée d'un capitaine illyrien à la casaque d'une blancheur éclatante ; ces monceaux de lambeaux humains exhalent une vapeur de sang. Le colonel de Maleville, si héroïquement blessé à la Casa Nova, rend le dernier soupir ; on enterre le commandant de Pongibaud qui a succombé dans la nuit, et on retrouve le corps du jeune comte de Saint-Paër qui avait gagné, depuis une semaine à peine, son grade de chef de bataillon. C'est là que le brave sous-lieutenant Fournier, des voltigeurs de la garde, gravement blessé le jour précédent, termine à vingt ans sa carrière militaire : engagé volontaire à dix ans, caporal à onze, sous-lieutenant à seize, il avait fait déjà deux campagnes en Afrique, et la guerre de Crimée où il avait été blessé au siége de Sébastopol.[1] C'est aussi à Solférino que devait s'éteindre l'un des noms glorieux du premier empire français dans la personne du lieutenant-colonel Junot, duc d'Abrantès, chef d'état-major de l'ancien commandant militaire de Constantinople, le vaillant général de Failly.

Le manque d'eau se fait de plus en plus sentir, les fossés sont desséchés, les soldats n'ont pour la plupart qu'une boisson malsaine et saumâtre pour apaiser leur soif, et sur presque tous les points où l'on trouve une fontaine, des factionnaires, l'arme chargée, en gardent l'eau pour les malades ; près de Cavriana un marécage devenu infect, abreuve pendant deux jours vingt mille chevaux d'artillerie et de cavalerie. Ceux

---

1 Le sous-lieutenant Jean François Fournier, né à Metz le 6 février 1839, s'était engagé, comme volontaire, dans la légion étrangère le 4 juin 1849, et avait passé en Algérie ; il fut nommé caporal le 6 avril 1850, sergent le 1er avril 1851, sergent-fourrier le 11 juillet 1852, et sergent-major en 1854 ; il avait fait la campagne de Crimée dans les années 1855 et 1856 comme adjudant, et avait été nommé, le 20 novembre 1855, sous-lieutenant au 42e de ligne d'où il avait passé avec ce grade, le 13 octobre 1856, au 2e régiment des voltigeurs de la garde impériale. Blessé à mort le 24 juin 1859, il succomba le 25.

de ces animaux qui sont blessés, qui ont perdu leurs cavaliers et ont erré toute la nuit, se traînent vers des groupes de leurs camarades à qui ils semblent demander du secours ; on les achève avec une balle. L'un de ces nobles coursiers, magnifiquement harnaché, est venu se rendre au milieu d'un détachement français ; le porte-manteau intact est demeuré fixé à la selle, il contient des lettres et des objets qui font reconnaître qu'il a dû appartenir au valeureux prince d'Isembourg : on cherche parmi les morts, et l'on découvre le prince autrichien blessé et encore évanoui par la perte de son sang ; mais les soins les plus empressés qui lui sont prodigués par les chirurgiens français, lui permettront plus tard de retourner dans sa famille, laquelle, privée de ses nouvelles et l'ayant considéré comme mort, en avait pris le deuil, qu'elle portait depuis plusieurs semaines.

Parmi les morts, quelques soldats ont une figure calme, ce sont ceux qui, soudainement frappés, ont été tués sur le coup ; mais un grand nombre sont restés contournés par les tortures de l'agonie, les membres raidis, le corps couvert de taches livides, les mains creusant le sol, les yeux démesurément ouverts, la moustache hérissée, un rire sinistre et convulsif laissant voir leurs dents serrées.

On a passé trois jours et trois nuits à ensevelir les cadavres restés sur le champ de bataille;[1] mais sur un espace aussi étendu, bien des hommes qui se trouvaient cachés dans des fossés, dans des sillons, ou masqués par des buissons ou des accidents de terrain, n'ont été aperçus que beaucoup plus tard ; ils répandaient, ainsi que les chevaux qui avaient péri, des émanations fétides.

Dans l'armée française, pour reconnaître et enterrer les morts, un certain nombre de soldats sont désignés par compagnie ; à l'ordinaire ceux d'un même corps relèvent leurs compagnons d'armes ; ils prennent le numéro de matricule des effets de l'homme tué, puis aidés dans ce pénible devoir par des paysans lombards, payés pour cela, ils déposent son cadavre avec ses vêtements dans une fosse commune. Malheureusement dans la précipitation qu'entraîne cette corvée, et à cause de l'incurie ou de la grossière négligence de quelques-uns de ces

[1] On a même retrouvé, ici et là sur le champ de bataille, pendant les trois semaines qui ont suivi le 24 juin 1859, des soldats morts des deux armées. — On a prétendu, bien à tort, que la journée du 25 avait suffi pour relever et recueillir tous les blessés français ou autrichiens, ce qui est complétement inexact.

Henri Dunant

paysans, tout porte à croire que plus d'un vivant aura été enterré avec les morts. Les décorations, l'argent, la montre, les lettres et les papiers recueillis sur les officiers sont plus tard envoyés à leurs familles ; mais avec une pareille masse de corps à ensevelir, il n'est pas toujours possible de remplir fidèlement cette tâche.

Un fils idole de ses parents, élevé et soigné pendant de longues années par une tendre mère qui s'effrayait à sa moindre indisposition ; un brillant officier chéri de sa famille, qui a laissé chez lui sa femme et ses enfants ; un jeune soldat qui, pour entrer en campagne, a quitté sa fiancée et presque toujours sa mère, des sœurs, son vieux père, le voilà étendu dans la boue, dans la poussière et baigné dans son sang ; sa mâle et belle figure est méconnaissable, le sabre ou la mitraille ne l'ont pas épargné : il souffre, il expire ; et son corps, objet de tant de soins, noirci, gonflé, hideux, va être jeté, tel quel, dans une fosse à peine creusée, il ne sera recouvert que de quelques pellées de chaux et de terre, et les oiseaux de proie ne respecteront pas ses pieds ou ses mains, sortant du sol détrempé et du talus qui lui sert de tombeau : l'on reviendra, on rapportera de la terre, on plantera peut-être une croix de bois sur la place où il repose, et ce sera tout !

Quant aux cadavres des Autrichiens qui sont répandus par milliers sur les collines, les contre-forts, les arêtes des mamelons, et qui sont épars au milieu des massifs d'arbres et des bois ou dans la campagne et les plaines de Médole, vêtus de vestes de toile déchirées, de capotes grises souillées de boue ou de tuniques blanches toutes rougies de sang, des essaims de mouches les dévoraient, et les oiseaux de proie planaient au-dessus de ces corps verdâtres, dans l'espoir d'en faire leur pâture ; on les entasse par centaines dans de grandes fosses communes.

Combien de jeunes hommes hongrois, bohêmes ou roumains, enrôlés depuis quelques semaines, qui se sont jetés à terre de fatigue et d'inanition, une fois hors de la portée du feu, et qui ne se sont plus relevés, ou qui affaiblis par la perte de leur sang, quoique peut-être légèrement blessés, ont péri misérablement d'épuisement et de faim !

Parmi les Autrichiens faits prisonniers, il en est qui sont remplis de terreur parce qu'on avait jugé bon de leur représenter les Français, les zouaves particulièrement, comme des démons sans pitié ; c'est au point que quelques-uns, en arrivant à Brescia et en voyant les arbres d'une promenade de cette ville, ont demandé sérieusement si c'était à ces arbres-là qu'on allait les pendre ; et plusieurs qui reçurent des soins généreux de soldats français, les en récompensaient, dans leur aveuglement et leur ignorance, d'une manière bien insensée : le samedi matin, un voltigeur, ému de compassion en voyant sur le champ de bataille un Autrichien étendu par terre et dans un état pitoyable s'en approche avec un bidon rempli d'eau et lui présente à boire ; ne pouvant croire à tant de bienveillance, l'Autrichien saisit son fusil qu'il avait à côté de lui et en frappe de la crosse, avec toute la force qui lui reste, le charitable voltigeur qui demeure contusionné au talon et à la jambe. Un grenadier de la garde veut relever un autre soldat autrichien tout mutilé, celui-ci qui avait près de lui un pistolet chargé, s'en empare et le décharge, à bout portant, sur le soldat français qui lui portait secours.[1]

« Ne soyez pas surpris de la dureté et de la rudesse de quelques-unes de nos troupes, me disait un officier autrichien prisonnier, car nous avons des sauvages, venus des provinces les plus reculées de l'empire, en un mot, de vrais barbares dans notre armée. »

Des soldats français voulaient à leur tour faire un mauvais parti à quelques soldats prisonniers qu'ils prenaient pour des Croates, ajoutant avec exaspération que « ces pantalons collants, » comme ils les désignaient, achevaient toujours les blessés ; cependant c'étaient des Hongrois qui, sous un uniforme ressemblant à celui des Croates, ne sont point aussi cruels ; je parvins assez promptement moi-même, en expliquant cette différence aux soldats français, à retirer de leurs mains ces Hongrois tout tremblants. Chez les Français il n'y a pourtant envers les prisonniers, à peu d'exceptions près, que des sentiments de bienveillance : ainsi des officiers autrichiens ont été autorisés à garder leur sabre ou leur épée, par une courtoisie que leur ont faite les commandants d'armée ; ils ont la même nourriture que les officiers français, et ceux qui sont blessés sont soignés par les mêmes médecins,

---

1 À Marignan, une sentinelle sarde, placée aux avant-postes, se laisse surprendre par un détachement de soldats autrichiens qui lui crèvent les yeux, pour lui apprendre, lui disent-ils, à être plus clairvoyante une autre fois ; et un bersaglier qui s'était écarté de sa compagnie, étant tombé entre les mains d'une poignée d'Autrichiens, ils lui coupent les doigts, puis le relâchent en lui disant en italien : Va te faire donner une pension ! — Espérons que ces faits, qui sont authentiques, sont à peu près les seuls de ce genre qui aient été commis pendant la guerre d'Italie.

Henri Dunant

on va jusqu'à permettre à l'un d'eux de retourner chercher ses bagages. Bien des soldats français partagent fraternellement leurs vivres avec des prisonniers mourants de faim ; d'autres chargent sur leur dos des blessés de l'armée ennemie pour les porter aux ambulances, et là leur rendent toutes sortes de bons offices, avec un dévouement remarquable et une profonde compassion. Des officiers français prennent eux-mêmes soin de soldats autrichiens, l'un d'eux enveloppe de son mouchoir la tête fendue d'un Tyrolien, qui n'avait pour se couvrir qu'un vieux linge déchiré et tout ensanglanté.

Si l'on peut citer une infinité d'actes isolés et d'incidents qui mettent en relief la grande valeur de l'armée française et l'héroïsme de ses officiers et de ses soldats, on doit mentionner aussi l'humanité du simple troupier,[1] sa bonté et sa sympathie envers l'ennemi vaincu ou prisonnier, qualités qui ont bien certainement autant de prix que son intrépidité et sa bravoure. C'est un fait reconnu que les militaires vraiment distingués sont doux et polis, comme tous les gens réellement supérieurs ; or l'officier français est, d'habitude, non-seulement affable, mais encore

---

1 Les soldats français ont montré le plus grand respect pour tout ce qui était la propriété des habitants du pays, et on peut louer hautement leur esprit de discipline, leur civilité, leur sobriété, et leur bonne conduite pendant toute la guerre d'Italie.

Des proclamations du genre de celles du maréchal Regnaud de Saint-Jean d'Angely ou du général Trochu sont, à ces différents égards toujours dignes d'être rappelées, et elles méritent aussi d'être considérées comme de véritables titres de gloire pour ceux qui les ont adressées à leurs soldats.

« … Dans la campagne qui s'ouvre, » dit le général Trochu dans sa proclamation du 4 mai 1859, datée d'Alexandrie, et lue à toutes les compagnies de sa division, réunies sous les armes, « nous affronterons avec ardeur les épreuves les plus ardues, déjà commencées pour nous ; nous serons disciplinés et soumis aux règlements dans l'exécution desquels vous me trouverez inflexible, et, le jour de la bataille, nous ne souffrirons pas que les braves soient plus braves que nous. Nous n'oublierons pas que ces habitants sont nos alliés : nous respecterons leurs habitudes, leurs biens et leurs personnes ; nous ferons la guerre avec humanité, avec civilisation. De cette manière, nos efforts seront honorables, Dieu les bénira, et moi qui vous commande, je considérerai comme le plus beau litre de ma carrière celui de commandant de la deuxième division. »
Le 18 mai 1859, à Marengo, le maréchal Regnaud de Saint-Jean d'Angely s'adressait en ces termes à la garde impériale : » Soldats de la garde, … vous donnerez à l'armée l'exemple de l'intrépidité dans le danger, de l'ordre et de la discipline dans les marches, du calme et de la modération dans le pays que vous allez parcourir. Le souvenir de vos familles vous inspirera de la bienveillance pour les habitants, le respect pour la propriété, et, soyez-en certains, la victoire vous attend… »

chevaleresque et généreux ; il n'a pas cessé de mériter l'éloge qu'en faisait le général de Salm, lorsque, fait prisonnier par les Français à la bataille de Nerwinde, et traité par le maréchal de Luxembourg avec une extrême courtoisie, il disait au chevalier du Rozel : « Quelle nation est la vôtre ! vous vous battez comme des lions, et vous traitez vos ennemis, après les avoir vaincus, comme s'ils étaient vos meilleurs amis ! »

Le service de l'Intendance continue à faire relever les blessés qui, pansés ou non, sont transportés, par des mulets porteurs de litières ou de cacolets, aux ambulances volantes, d'où ils sont dirigés sur les villages et les bourgs les plus rapprochés soit du lieu qui les a vus tomber, soit de l'endroit où ils ont été d'abord recueillis. Dans ces bourgades, églises, couvents, maisons, places publiques, cours, rues, promenades, tout est converti en ambulances provisoires ; Carpenedolo, Castel Goffredo, Médole, Guidizzolo, Volta et toutes les localités environnantes réunissent une quantité considérable de blessés, mais le plus grand nombre est amené à Castiglione, où les moins invalides sont parvenus à se traîner.

Voici la longue procession des voitures de l'Intendance, chargées de soldats, de sous-officiers et même d'officiers de tous grades confondus ensemble, cavaliers, fantassins, artilleurs, tout sanglants, exténués, déchirés, couverts de poussière ; puis des mulets arrivant au trot, et dont l'allure arrache à chaque instant des cris aigus aux malheureux blessés qu'ils portent. La jambe de l'un est fracassée et semble être presque détachée de son corps, chaque cahot de la charrette qui l'emmène lui impose de nouvelles souffrances ; un autre a un bras cassé, et avec celui qui lui reste il soutient et préserve le membre facturé ; un caporal a le bras gauche traversé, de part en part, par la baguette d'une fusée à la congrève, il la retire lui-même, et cette opération faite, il se sert de cette baguette en guise de canne pour s'aider à gagner Castiglione ; plusieurs expirent en route, leurs cadavres sont déposés sur le bord du chemin, on viendra plus tard les enterrer.

Depuis Castiglione les blessés devaient être conduits dans les hôpitaux de Brescia, de Crémone, de Bergame et de Milan, pour y recevoir enfin des soins réguliers ou y subir les amputations nécessaires. Mais les Autrichiens ayant enlevé, à leur passage, presque tous les chars du pays par leurs réquisitions forcées, et les moyens de transport de l'armée française étant très-insuffisants en proportion de la masse effrayante des blessés, on fut obligé de les faire attendre deux ou trois jours dans les ambulances volantes, avant de pouvoir les entreposer à Castiglione où l'encombrement devient indescriptible.[1] Cette ville se transforme tout entière, pour les Français et les Autrichiens, en un vaste hôpital improvisé ; déjà dans la journée du vendredi l'ambulance du grand quartier général s'y était établie, des caissons de charpie y avaient été déballés, de même que des appareils et des médicaments ; les habitants ont donné tout ce dont ils pouvaient disposer en couvertures, linge, paillasses et matelas. L'hôpital de Castiglione, l'église, le cloître et la caserne San Luigi, l'église des Capucins, la caserne de gendarmerie, ainsi que les églises Maggiore, San Giuseppe, Santa Rosalia sont remplis de blessés qui y sont entassés et couchés seulement sur de la paille ; on met aussi de la paille dans les rues, dans les cours, sur les places, où l'on a établi à la hâte ici des couverts en planches, là tendu des toiles, pour préserver un peu du soleil les blessés qui arrivent de tous les côtés à la fois. Les maisons particulières ne tardent pas à être elles-mêmes occupées ; officiers et soldats y sont reçus par les propriétaires les plus aisés qui s'empressent de leur procurer tous les faibles adoucissements qui sont en leur pouvoir ; quelques-uns d'entre euxcourent, tout effarés, par les rues à la recherche d'un médecin pour leurs hôtes ; d'autres vont et viennent par la ville, d'un air désolé, en demandant avec instances qu'on enlève de chez eux des cadavres dont ils ne savent comment se débarrasser. C'est à Castiglione qu'ont été portés les généraux de Ladmirault, Dieu et Auger, les colonels Broutta, Brincourt, et d'autres officiers supérieurs auxquels des soins sont donnés par l'habile docteur Bertherand, qui fait, depuis le vendredi matin, des amputations à San Luigi. Deux autres chirurgiens-majors, les docteurs Leuret et Haspel, deux médecins italiens, et les aides-majors Riolacci et Lobstein ont appliqué des appareils et fait des pansements pendant deux jours, et ils continuent même leur pénible ministère durant la nuit. Le général

---

1 Castiglione delle Stiviere, située à six lieues sud-est de Brescia, compte cinq mille trois cents habitants. C'est en avant de Castiglione que le 5 août 1796 le général Bonaparte, à la tête de l'armée d'Italie, remporta, deux jours après la prise de cette ville par le général Augereau, une victoire importante sur le feldmaréchal autrichien Wurmser. C'est également tout près de là, sur la Chiese, que le 19 avril 1706 le duc de Vendôme avait gagné la bataille de Calcinato sur le maréchal de Reventlow, qui com-mandait les Impériaux en l'absence du prince Eugène.

d'artillerie Auger, transporté d'abord à la Casa Morino où se trouvait l'ambulance du quartier général du corps du maréchal Mac-Mahon dont il faisait partie, a été ensuite amené à Castiglione : cet officier si éminent a eu l'épaule gauche fracassée par un boulet de six, qui est resté enclavé, pendant vingt-quatre heures, dans la profondeur des muscles de l'aisselle. Le général succomba le 29 aux suites de l'opération de la désarticulation du bras, nécessitée pour l'extraction de ce boulet, et à la gangrène qui avait envahi la plaie.

Pendant la journée du samedi le nombre des convois de blessés devient si considérable que l'Administration, les habitants, et le détachement de troupes laissé à Castiglione sont absolument incapables de suffire à tant de misères. Alors commencent des scènes aussi lamentables que celles de la veille, quoique d'un genre tout différent : il y a de l'eau et des vivres, et pourtant les blessés meurent de faim et de soif ; il y a de la charpie en abondance, mais pas assez de mains pour l'appliquer sur les plaies ; la plupart des médecins de l'armée ont du partir pour Cavriana, les infirmiers font défaut, et les bras manquent dans ce moment si critique. Il faut donc, tant bien que mal, organiser un service volontaire, mais c'est bien difficile au milieu d'un pareil désordre, qui se complique d'une espèce de panique, laquelle vient s'emparer des habitants de Castiglione et a pour résultats désastreux d'augmenter prodigieusement la confusion et d'aggraver, par l'émotion qu'elle leur donna, le misérable état des blessés.

Cette panique fut causée par une circonstance en réalité bien futile. À mesure que chaque corps de l'armée française se reconnaissait, après avoir pris position, on formait, le lendemain de la bataille, des convois de prisonniers, qui étaient dirigés sur Brescia par Castiglione et Montechiaro. L'un de ces détachements de prisonniers escorté par des hussards, s'approchait, dans l'après-midi, en s'avançant depuis Cavriana dans la direction de Castiglione où, du plus loin qu'on l'aperçut, il fut pris sottement, par les habitants, pour l'armée autrichienne qui revenait en masse. Malgré l'absurdité et l'invraisemblance de cette nouvelle, colportée par des paysans, par les conducteurs auxiliaires des bagages de l'armée, et par ces petits marchands ambulants qui suivent ordinairement les troupes en campagne, les gens de la ville ajoutèrent foi à ce bruit ridicule, en voyant se précipiter au milieu d'eux ces individus haletants de terreur. Aussitôt les maisons sont fermées, les habitants se barricadent chez eux, brûlent les drapeaux tricolores qui pavoisaient leurs fenêtres, et se cachent dans leurs caves ou leurs greniers ; ceux-ci se sauvent dans les champs avec leurs femmes et leurs enfants, en emportant tout ce qu'ils ont de plus précieux ; ceux-là, un peu moins troublés, restent chez eux, mais y installent les premiers blessés autrichiens qui leur tombent sous la main, qu'ils ramassent sur les places, et qu'ils comblent tout-à-coup d'égards et de prévenances. Dans les rues et sur les routes, encombrées de voitures de blessés allant à Brescia et de convois destinés à l'approvisionnement de l'armée et venant de cette ville, ce sont des fourgons emportés à toute vitesse, des chevaux fuyant dans toutes les directions au milieu de cris d'effroi et de colère, des prolonges chargées de bagages qui sont renversées, des chargements de biscuit qui sont jetés dans les fossés bordant le grand chemin. Enfin, les conducteurs auxiliaires, frappés de plus en plus de terreur, détèlent les chevaux et s'élancent, bride abattue, sur la route de Montechiaro et de Brescia, sur le parcours de laquelle ils sèment l'épouvante en produisant une bagarre incroyable, heurtant les charrettes remplies de vivres et de pains que l'administration municipale de Brescia expédie continuellement dans le camp de l'armée alliée, entraînant avec eux tout ce qu'ils rencontrent, et foulant les blessés qui supplient qu'on les emmène, et qui, sourds aux observations, se débarrassent de leurs bandages, sortent tout chancelants des églises et s'avancent dans les rues, sans savoir jusqu'où ils pourront aller.

Pendant les journées du 25, du 26 et du 27, que d'agonies et de souffrances ! Les blessures, envenimées par la chaleur et la poussière et par le manque d'eau et de soins, sont devenues plus douloureuses ; des exhalaisons méphitiques vicient l'air, en dépit des louables efforts de l'Intendance pour faire tenir en bon état les locaux transformés en ambulances, et l'insuffisance du nombre des aides, des infirmiers et des servants se fait cruellement sentir, car les convois dirigés sur Castiglione continuent à y verser, de quart-d'heure en quart-d'heure, de nouveaux contingents de blessés. Quelque activité que déploient un chirurgien en chef et deux ou trois personnes qui organisent des transports réguliers sur Brescia, au moyen de charrettes traînées par des bœufs ; quel que soit l'empressement spontané de ceux des habitants de Brescia qui, possédant des voitures, viennent réclamer des malades, et auxquels on confie les officiers, les départs sont bien inférieurs aux arrivées, de sorte que l'entassement ne fait qu'augmenter.

Sur les dalles des hôpitaux ou des églises de Castiglione ont été déposés, côte à côte, des hommes de toutes nations, Français et Arabes, Allemands et Slaves ; provisoirement enfouis au fond des chapelles, ils n'ont plus la force de remuer, ou ne peuvent bouger de l'espace étroit qu'ils occupent. Des juremens, des blasphèmes et des cris qu'aucune expression ne peut rendre, retentissent sous les voûtes des sanctuaires. « Ah ! monsieur, que je souffre ! me disaient quelques-uns de ces infortunés, on nous abandonne, on nous laisse mourir misérablement, et pourtant nous nous sommes bien battus ! » Malgré les fatigues qu'ils ont endurées, malgré les nuits qu'ils ont passées sans sommeil, le repos s'est éloigné d'eux ; dans leur détresse ils implorent le secours d'un médecin, ou se roulent de désespoir dans des convulsions qui se termineront par le tétanos et la mort. Quelques soldats, s'imaginant que l'eau froide qu'on verse sur leurs plaies déjà purulentes, produisait des vers, refusent, dans cette crainte absurde, de laisser humecter leurs bandages ; d'autres, après avoir eu le privilége d'être pansés dans les ambulances volantes, ne le furent plus durant leur station forcée à Castiglione, et ces linges excessivement serrés en vue des secousses de la route, n'ayant été ni renouvelés ni desserrés, étaient pour eux une véritable torture. La figure noire de mouches qui s'attachent à leurs plaies, ceux-ci portent de tous côtés des regards éperdus qui n'obtiennent aucune réponse ; la capote, la chemise, les chairs et le sang ont formé chez ceux-là un horrible et indéfinissable mélange où les vers se sont mis ; plusieurs frémissent à la pensée d'être rongés par ces vers, qu'ils croient voir sortir de leur corps, et qui proviennent des myriades de mouches dont l'air est infesté. Ici est un soldat, entièrement défiguré, dont la langue sort démesurément de sa mâchoire déchirée et brisée ; il s'agite et veut se lever, j'arrose d'eau fraîche ses lèvres desséchées et sa langue durcie ; saisissant une poignée de charpie, je la trempe dans le seau que l'on porte derrière moi, et je presse l'eau de cette éponge dans l'ouverture informe qui remplace sa bouche. Là est un autre malheureux dont une partie de la face a été enlevée par un coup de sabre : le nez, les lèvres, le menton ont été séparés du reste de la figure ; dans l'impossibilité de parler et à moitié aveuglé il fait des signes avec la main, et par cette pantomime navrante, accompagnée de sons gutturaux, il attire sur lui l'attention ; je lui donne à boire et fais couler sur son visage saignant quelques gouttes d'eau pure. Un troisième, le crâne largement ouvert, expire en répandant ses cervelles sur les dalles de l'église ; ses compagnons d'infortune le repoussent du pied parce qu'il gêne le passage, je protége ses derniers moments et recouvre d'un mouchoir sa pauvre tête qu'il remue faiblement encore.

Quoique chaque maison soit devenue une infirmerie, et que chaque famille ait assez à faire de soigner les officiers qu'elle a recueillis, j'avais néanmoins réussi, dès le dimanche matin, à réunir un certain nombre de femmes du peuple qui secondent de leur mieux les efforts que l'on fait pour venir au secours des blessés ; il ne s'agit en effet ni d'amputations, ni d'aucune autre opération, mais il faut donner à manger et avant tout à boire à des gens qui meurent de faim et de soif ; puis il faut panser leurs plaies, ou laver ces corps sanglants, couverts de boue et de vermine, et il faut faire cela au milieu d'exhalaisons fétides et nauséabondes, à travers des lamentations et des hurlements de douleur, et dans une atmosphère brûlante et corrompue. Bientôt un noyau de volontaires s'est formé, et les femmes lombardes courent à ceux qui crient le plus fort sans être toujours les plus à plaindre ; je m'emploie à organiser, aussi bien que possible, les secours dans celui des quartiers qui paraît en être le plus dépourvu, et j'adopte particulièrement l'une des églises de Castiglione, située sur une hauteur à gauche en venant de Brescia, et nommée, si je ne me trompe, Chiesa Maggiore. Près de cinq cents soldats y sont entassés, et il y en a au moins encore une centaine sur de la paille devant l'église et sous des toiles que l'on a tendues pour les garantir du soleil ; les femmes qui ont pénétré dans l'intérieur, vont de l'un à l'autre avec des jarres et des bidons remplis d'une eau limpide qui sert à étancher la soif et à humecter les plaies. Quelques-unes de ces infirmières improvisées sont de belles et gracieuses jeunes filles ; leur douceur, leur bonté, leurs beaux yeux pleins de larmes et de compassion, et leurs soins si attentifs relèvent un peu le courage et le moral des malades. Des petits garçons de l'endroit vont et viennent de l'église aux fontaines les plus rapprochées avec des seaux, des bidons et des arrosoirs. Aux distributions d'eau succèdent des distributions de bouillon et de soupes, dont le service de l'Intendance est obligé de faire des quantités prodigieuses. D'énormes ballots de charpie ont été entreposés ici et là, chacun peut en user en toute liberté, mais les bandelettes, les linges, les chemises font défaut ; les ressources, dans cette petite ville où a passé l'armée autrichienne, sont si chétives que l'on ne peut plus se procurer même les objets de première nécessité ; j'y achète pourtant des chemises neuves par l'entremise de ces braves femmes qui ont déjà apporté et donné tout leur vieux linge, et le lundi matin j'envoie mon cocher à Brescia pour y chercher des provisions ; il en revient, quelques heures après, avec son cabriolet chargé de camomilles, de mauves, de sureau, d'oranges, de citrons, de sucre, de chemises, d'éponges, de bandes de toile, d'épingles, de cigares et de tabac, ce qui permet de donner une limonade rafraîchissante impatiemment attendue, de laver les plaies avec de l'eau de mauves, d'appliquer des compresses tièdes et de renouveler les bandages des pansements. En attendant nous avons gagné des recrues qui se joignent à nous : c'est un vieil officier de marine, puis deux touristes anglais qui, voulant tout voir, sont entrés dans l'église, et que nous retenons et gardons presque de force ; deux autres Anglais se montrent au contraire, dès l'abord, désireux de nous aider ; ils répartissent aux Autrichiens des cigares. Un abbé italien, trois ou quatre voyageurs et curieux, un journaliste de Paris, qui se charge ensuite de diriger les secours dans une église voisine, et quelques officiers dont le détachement a reçu l'ordre de rester à Castiglione, nous prêtent leur concours. Mais bientôt l'un de ces militaires se sent malade d'émotion, et nos autres infirmiers volontaires se retirent successivement, incapables de supporter longtemps l'aspect de souffrances qu'ils ne peuvent que si faiblement soulager ; l'abbé a suivi leur exemple, mais il reparaît pour nous mettre sous le nez, par une attention délicate, des herbes aromatiques et des flacons de sels. Un jeune touriste français, oppressé par la vue de ces débris vivants, éclate soudainement en sanglots ; un négociant de Neuchâtel se consacre pendant deux jours à panser les plaies, et à écrire pour les mourants des lettres d'adieux à leurs familles ; on est obligé, par égard pour lui, de ralentir son ardeur, comme aussi de calmer l'exaltation compatissante d'un Belge qui était montée à un tel degré que l'on craignait qu'il ne fût pris d'un accès de fièvre chaude, semblable à celui dont fut atteint, à côté de nous, un sous-lieutenant qui arrivait de Milan pour rejoindre le corps dont il faisait partie. Quelques soldats du détachement laissé en

Henri Dunant

garnison dans la ville essaient de secourir leurs camarades, mais ils ne peuvent non plus soutenir un spectacle qui abat leur moral en frappant trop vivement leur imagination. Un caporal du génie, blessé à Magenta, à peu près guéri, retournant au bataillon et auquel sa feuille de route accorde quelques jours, nous accompagne et nous aide avec courage, quoique deux fois de suite il s'évanouisse. L'intendant français qui vient de s'établir à Castiglione, accorde enfin l'autorisation d'utiliser, pour le service des hôpitaux, des prisonniers bien portants, et trois médecins autrichiens viennent seconder un jeune aide-major corse, qui n'importune, à différentes reprises, pour obtenir de moi un certificat constatant son zèle pendant le temps que je le vis agir. Un chirurgien allemand, resté intentionnellement sur le champ de bataille pour panser les blessés de sa nation, se dévoue à ceux des deux armées ; en reconnaissance l'Intendance le renvoie, après trois jours, rejoindre ses compatriotes à Mantoue.

« Ne me laissez pas mourir ! » s'écriaient quelques-uns de ces malheureux qui, après m'avoir saisi la main avec une vivacité extraordinaire, expiraient dès que cette force factice les abandonnait. Un jeune caporal d'une vingtaine d'années, à la figure douce et expressive, nommé Claudius Mazuet, a reçu une balle dans le flanc gauche, son état ne laisse plus d'espoir, et il le comprend lui-même, aussi après que je l'ai aidé à boire il me remercie, et les larmes aux yeux il ajoute : « Ah ! monsieur, si vous pouviez écrire à mon père, qu'il console ma mère ! » Je pris l'adresse de ses parents, et peu d'instants après il avait cessé de vivre.[1] Un vieux sergent, décoré de plusieurs chevrons, me disait avec une tristesse profonde, d'un air de conviction et avec une froide amertume : « Si l'on m'avait soigné plus tôt, j'aurais pu vivre, tandis que ce soir je serai mort ! » Le soir il était mort.

« Je ne veux pas mourir, je ne veux pas mourir ! » vociférait avec une énergie farouche un grenadier de la garde, plein de force et de vigueur trois jours auparavant, mais qui, blessé à mort et sentant bien que ses moments étaient irrévocablement comptés, regimbait et se débattait contre cette sombre certitude ; je lui parle, il m'écoute, et cet homme, adouci, apaisé, consolé, finit par se résigner à mourir avec la

---

1 Les parents, qui demeuraient rue d'Alger, 3, à Lyon et dont ce jeune homme, engagé comme volontaire, était le fils unique, n'ont eu d'autres nouvelles de leur enfant que celles que je leur ai données : il aura été, comme tant d'autres, porté « disparu ».

simplicité et la candeur d'un enfant. Voyez là-bas au fond de l'église, dans l'enfoncement d'un autel à gauche, ce chasseur d'Afrique couché sur de la paille, il ne se plaint pas et ne bouge presque plus ; trois balles l'ont frappé, une au flanc droit, une à l'épaule gauche et la troisième est restée dans la jambe droite ; nous sommes au dimanche soir, et il affirme n'avoir rien mangé depuis le vendredi matin ; il est dégoûtant de boue séchée et de grumeaux de sang, ses vêtements sont déchirés, sa chemise est en lambeaux ; après avoir lavé ses plaies, lui avoir fait prendre un peu de bouillon, et après que je l'ai enveloppé dans une couverture, il porte ma main à ses lèvres avec une expression de gratitude indéfinissable. À l'entrée de l'église est un Hongrois qui crie sans trêve ni repos, réclamant en italien et avec un accent déchirant un médecin ; ses reins qui ont été labourés par des éclats de mitraille et qui sont comme sillonnés par des crocs de fer, laissent voir une grande surface de chairs rouges et palpitantes ; le reste de son corps enflé est noir et verdâtre ; il ne sait comment se reposer ni s'asseoir, je trempe des flots de charpie dans de l'eau fraîche, et j'essaie de lui en faire une couche, mais la gangrène ne tardera pas à l'emporter. Un peu plus loin est un zouave qui pleure à chaudes larmes, et qu'il faut consoler comme un petit enfant. Les fatigues précédentes, le manque de nourriture et de repos, l'excitation morbide et la crainte de mourir sans secours développaient, à ce moment, même chez d'intrépides soldats, une sensibilité nerveuse qui se traduisait par des gémissements et des sanglots : une de leurs pensées dominantes, lorsqu'ils ne sont pas trop cruellement souffrants, c'est le souvenir de leur mère, et l'appréhension du chagrin qu'elle éprouvera en apprenant leur sort ; on trouva le corps d'un jeune homme qui avait le portrait d'une femme âgée, sa mère sans doute, suspendu à son cou ; de sa main gauche il semblait encore presser ce médaillon sur son cœur.

Ici, contre le mur, une centaine de soldats et de sous-officiers français, pliés chacun dans leur couverture, sont rapprochés sur deux rangs parallèles, on peut passer entre ces deux files ; ils ont tous été pansés, la distribution de soupes a eu lieu, ils sont calmes et paisibles, ils me suivent des yeux, et toutes ces têtes se tournent à droite si je vais à droite, à gauche si je vais à gauche. « On voit bien que c'est un Parisien,[1] disent

1 J'eus la satisfaction de rencontrer à Paris, dans le courant de l'année suivante, et notamment dans la rue de Rivoli, des militaires amputés et invalides qui, me reconnaissant, m'ont arrêté pour m'exprimer leur gratitude de ce que je les avais soignés à

les uns. Non, répliquent d'autres, il m'a l'air d'être du Midi. N'est-ce pas, monsieur, que vous êtes de Bordeaux ? » me demande un troisième, et chacun veut que je sois de sa province ou de sa ville. La résignation dont faisaient ordinairement preuve ces simples soldats de la ligne, est digne de remarque et d'intérêt. Pris individuellement, qu'était chacun d'eux dans ce grand bouleversement ? Bien peu de chose. Ils souffraient sans se plaindre, ils mouraient humblement et sans bruit.

Rarement les Autrichiens blessés et prisonniers ont voulu braver les vainqueurs ; cependant quelques-uns refusent de recevoir des soins dont ils se défient, ils arrachent leurs bandages et font saigner leurs blessures ; un Croate a pris la balle qu'on venait de lui extraire et l'a lancée au front du chirurgien ; d'autres demeurent silencieux, mornes et impassibles ; en général ils n'ont pas cette expansion, cette bonne volonté, cette vivacité expressive et liante qui caractérise les hommes de la race latine ; toutefois, la plupart sont loin de se montrer insensibles ou rebelles aux bons traitements, et une sincère reconnaissance se peint sur leur figure étonnée. Un d'entre eux, âgé de dix-neuf ans, refoulé, avec une quarantaine de ses compatriotes, dans la partie la plus reculée de l'église, est depuis trois jours sans nourriture ; il a perdu un œil, il tremble de fièvre et ne peut plus parler, à peine a-t-il la force de prendre un peu de bouillon ; nos soins le ranimèrent, et vingt-quatre heures plus tard lorsqu'on put le diriger sur Brescia, il nous quitta avec regret, presque avec déchirement ; l'œil qui lui reste et qui était d'un bleu magnifique, exprimait sa vive et profonde gratitude, il pressait sur ses lèvres les mains des femmes charitables de Castiglione. Un autre prisonnier, en proie à la fièvre, attire les regards, il n'a pas vingt ans et ses cheveux sont tout blancs ; c'est qu'ils ont blanchi le jour de la bataille, à ce qu'affirment ses camarades et lui-même.[1]

Que de jeunes gens de dix-huit à vingt ans, venus tristement jusque là du fond de la Germanie, ou des provinces orientales du vaste empire d'Autriche, et quelques-uns peut-être forcément, rudement, auront à endurer, outre des douleurs corporelles avec le chagrin de la captivité,

Castiglione. « Nous vous appelions le monsieur blanc, me disait l'un d'eux, parce que vous étiez vêtu tout en blanc : c'est qu'aussi il n'y faisait pas mal chaud ! »

1 Ce fait que j'ai cité dans une séance de ta Société d'Ethnographie de Paris, a été mentionné dans la *Revue orientale et américaine* (janvier 1860) par M. R. Cortambert, dans son remarquable article « De la chevelure chez les différents peuples. »

la malveillance provenant de la haine vouée par les Milanais à leur race, à leurs chefs et à leur Souverain, et ne rencontreront plus guère de sympathie avant leur arrivée sur la terre de France ! Pauvres mères, en Allemagne, en Autriche, en Hongrie, en Bohême, comment ne pas songer à vos angoisses lorsque vous apprendrez que vos fils blessés sont prisonniers dans ce pays ennemi ! Mais les femmes de Castiglione, voyant que je ne fais aucune distinction de nationalité, suivent mon exemple en témoignant la même bienveillance à tous ces hommes d'origines si diverses, et qui leur sont tous également étrangers. « Tutti fratelli, » répétaient-elles avec émotion. Honneur à ces femmes compatissantes, à ces jeunes filles de Castiglione ! rien ne les a rebutées, lassées ou découragées, et leur dévouement modeste n'a voulu compter ni avec les fatigues, ni avec les dégoûts, ni avec les sacrifices.

Le sentiment qu'on éprouve de sa grande insuffisance dans des circonstances si extraordinaires et si solennelles, est une indicible souffrance ; il est excessivement pénible, en effet, de ne pouvoir toujours ni soulager ceux que l'on a devant les yeux, ni arriver à ceux qui vous réclament avec supplications, de longues heures s'écoulant avant de parvenir là où l'on voudrait aller, arrêté par l'un, sollicité par l'autre, et entravé, à chaque pas, par la quantité d'infortunés qui se pressent au-devant de vous et qui vous entourent ; puis, pourquoi se diriger à droite, tandis qu'à gauche il y en a tant qui vont mourir sans un mot amical, sans une parole de consolation, sans seulement un verre d'eau pour étancher leur soif ardente ? La pensée morale de l'importance de la vie d'un homme, le désir d'alléger un peu les tortures de tant de malheureux ou de relever leur courage abattu, l'activité forcée et incessante que l'on s'impose dans des moments pareils, donnent une énergie nouvelle et suprême qui crée comme une véritable soif de porter du secours au plus grand nombre possible ; on ne s'affecte plus devant les mille tableaux de cette formidable et auguste tragédie, on passe avec indifférence devant les cadavres les plus hideusement défigurés ; on envisage presque froidement, quoique la plume se refuse absolument à les décrire, des scènes même plus horribles que celles retracées ic;[1] mais il arrive que

---

1 Comme ce n'est qu'après plus de trois ans que je me suis décidé à rassembler des souvenirs pénibles, que je n'avais pas eu l'intention de livrer à l'impression, on comprend qu'ils fussent déjà quelque peu effacés, et qu'ils soient en outre abrégés en ce qui concerne les scènes de douleur et de désolation dont j'ai été le témoin. Mais si

le cœur se brise parfois tout d'un coup, et comme frappé soudain d'une amère et invincible tristesse, à la vue d'un simple incident, d'un fait isolé, d'un détail inattendu, qui va plus directement à l'âme, qui s'empare de nos sympathies et qui ébranle toutes les fibres les plus sensibles de notre être.

Pour le soldat rentré dans la vie journalière de l'armée en campagne, après les grandes fatigues et les fortes émotions par lesquelles le font passer le jour et le lendemain d'une bataille comme celle de Solférino, les souvenirs de la famille et du pays deviennent plus impressifs et plus palpitants que jamais. Cette situation est vivement dépeinte par ces lignes touchantes d'un brave officier français, écrivant de Volta à un frère resté en France : « Tu ne peux te figurer combien le soldat est ému quand il voit paraître le vaguemestre chargé de la distribution des lettres à l'armée ; c'est qu'il nous apporte, vois-tu, des nouvelles de la France, du pays, de nos parents, de nos amis. Chacun écoute, regarde, et tend vers lui des mains avides. Les heureux, ceux qui ont une lettre, l'ouvrent précipitamment et la dévorent aussitôt ; les autres, les déshérités, s'éloignent le cœur gros, et se retirent à l'écart pour penser à ceux qui sont restés là-bas. Quelquefois on appelle un nom auquel il n'est pas répondu. On se regarde, on s'interroge, on attend : Mort ! a murmuré une voix ; et le vaguemestre serre cette lettre, qui retournera, sans être décachetée, à ceux qui l'avaient écrite. Ils étaient joyeux alors ceux-là, ils se disaient : Comme il sera content lorsqu'il la recevra ! Et, quand ils la verront revenir, leur pauvre cœur se brisera. »

Les rues de Castiglione sont plus calmes, les morts et les départs ont fait de la place, et malgré l'arrivée de nouvelles charrettes de blessés, l'ordre s'établit peu à peu et les services commencent à se régulariser, l'encombrement n'étant point le fait d'une mauvaise organisation ou de l'imprévoyance de l'Administration, mais résultant de la quantité inouïe et inattendue de soldats atteints, et du nombre relativement très-insignifiant des médecins, des servants et des infirmiers. Les convois

ces pages pouvaient faire naître, ou développer et presser la question, soit des secours à donner aux militaires blessés en temps de guerre, soit des soins immédiats à leur prodiguer après un engagement, et si elles pouvaient attirer l'attention des personnes douées d'humanité et de philanthropie, en un mot si la préoccupation et l'étude de ce sujet si important devaient, en le faisant avancer de quelques pas, améliorer un état de choses où de nouveaux progrès et des perfectionnements ne sauraient jamais être de trop, même dans les armées les mieux organisées, j'aurais pleinement atteint mon but.

de Castiglione à Brescia sont plus réguliers, ils se composent soit des voitures d'ambulance, soit de chars grossiers, traînés par des bœufs qui marchent lentement, bien lentement, sous un soleil brûlant, et dans une poussière telle que le piéton sur la route enfonce jusqu'au-dessus de la cheville du pied dans ces flots mouvants et solides ; et lors même que ces véhicules, si mal commodes, sont garnis de branches d'arbres, elles ne préservent que bien imparfaitement de l'ardeur d'un ciel de feu les blessés qui sont, pour ainsi dire, empilés les uns sur les autres : on peut se figurer les tortures de ce long trajet ! Un signe de tête amical, adressé à ces malheureux quand on passe près d'eux, semble leur faire du bien, et ils le rendent avec empressement et avec l'expression de la reconnaissance. Dans tous les bourgs situés sur la route qui conduit à Brescia, les villageoises sont assises devant leurs portes, faisant silencieusement de la charpie : lorsqu'un convoi arrive, elles montent sur les voitures, elles changent les compresses, elles lavent les plaies, renouvellent la charpie, qu'elles imbibent d'eau fraîche, et elles versent des cuillerées de bouillon, de vin ou de limonade dans la bouche de ceux qui n'ont plus la force de lever ni la tête ni les bras. Les chariots qui apportent sans cesse au camp français des vivres, des fourrages, des munitions et des approvisionnements de toute espèce arrivant de France ou du Piémont, au lieu de retourner à vide emmènent et transportent les malades à Brescia. Dans toutes les bourgades que traversent les convois, les autorités communales font préparer des boissons, du pain et de la viande. À Montechiaro, les trois petits hôpitaux de cette localité sont desservis par des paysannes de l'endroit qui soignent avec autant d'intelligence que de bonté les blessés qui y ont été placés. À Guidizzolo, un millier d'entre eux ont été convenablement installés dans un vaste château, quoique d'une manière toute provisoire ; et à Volta c'est un ancien couvent, transformé en caserne, qui reçoit des centaines d'Autrichiens. À Cavriana, on a installé dans l'église principale de cette chétive bourgade des Autrichiens, tout estropiés, qui étaient restés étendus, durant quarante-huit heures, sous les galeries d'un méchant corps de garde ; à l'ambulance du grand quartier général on pratique des opérations, en employant le chloroforme qui entraînait chez les blessés autrichiens une insensibilité presque immédiate, et chez les français des contractions nerveuses accompagnées d'une grande exaltation.

Henri Dunant

Les habitants de Cavriana sont entièrement dépourvus de denrées et de provisions, ce sont les soldats de la garde qui les nourrissent en partageant avec eux leurs rations et leur gamelle ; les campagnes ont été ravagées, et à peu près tout ce qui pouvait se consommer en fait de produits, a été vendu aux troupes autrichiennes, ou saisi par elles sous forme de réquisitions. L'armée française, si elle a des vivres de campagne en abondance, grâce à la sagesse et à la ponctualité de son Administration, a bien de la peine à se procurer le beurre, la graisse et les légumes qui d'habitude sont ajoutés à l'ordinaire du soldat ; les Autrichiens avaient requis presque tout le bétail du pays, et la farine de maïs est la seule chose que les Alliés puissent aisément trouver dans les localités où ils sont maintenant campés. Cependant tout ce que peuvent encore vendre les paysans lombards pour aider à l'alimentation des troupes, leur est acheté à des prix fort élevés, l'estimation en étant toujours faite de façon à ce que les vendeurs soient satisfaits ; et les réquisitions pour l'armée française, telles que fourrages, pommes de terre ou autres denrées ont été partout largement payées aux habitants du pays, qui furent de même généreusement indemnisés des dégâts inévitables causés par la lutte.

Les blessés de l'armée sarde qui ont été transportés à Desenzano, Rivoltella, Lonato et Pozzolengo s'y trouvent dans des conditions moins désavantageuses que ceux de Castiglione : les deux premières de ces villes n'ayant pas été occupées, à peu de jours d'intervalle, par deux armées différentes, on y découvre davantage de vivres, les ambulances y sont bien tenues, les habitants moins troublés et moins effrayés y secondent activement le service de l'infirmerie, et les malades qu'on expédie de là sur Brescia sont établis dans de bonnes charrettes, garnies d'une épaisse couche de foin, où ils sont abrités du soleil par des berceaux de branches feuillées et entrelacées, solidement assujettis aux voitures, et recouverts d'une forte toile tendue encore par-dessus.

Excédé de fatigues, et ne pouvant plus trouver le sommeil, je fais atteler mon cabriolet, dans l'après-midi du 27 et je pars vers six heures pour respirer en plein air la fraîcheur du soir, et afin de prendre un peu de repos en échappant, durant ce temps, aux scènes lugubres dont on est entouré de tous côtés à Castiglione. C'était un jour favorable, aucun mouvement de troupes (comme je l'appris plus tard) n'ayant été ordonné pour le lundi. Le calme avait donc succédé aux terribles agitations des jours précédents sur ce champ de bataille, maintenant si mélancolique, et que la passion et l'enthousiasme ont abandonné et quitté entièrement ; mais on y aperçoit çà et là des flaques de sang séché qui rougissent le sol, et des terres fraîchement remuées, blanchies et saupoudrées de chaux, qui indiquent les places où reposent les victimes du 24. À Solférino, dont la tour carrée domine depuis des siècles, impassible et fière, ce pays où, pour la troisième fois, venaient de se heurter deux des plus grandes puissances des temps modernes, on relève encore de nombreux et tristes débris qui recouvrent, jusque dans le cimetière, les croix et les pierres ensanglantées des tombeaux. J'arrivai vers neuf heures à Cavriana : c'était un spectacle unique et grandiose que le train de guerre qui entourait ce quartier général de l'empereur des Français. Je cherchais le maréchal duc de Magenta, que j'avais l'honneur de connaître personnellement. Ne sachant pas précisément où était campé à ce moment-là son corps d'armée, je fis arrêter mon cabriolet sur une petite place en face de la maison qu'habitait, depuis le vendredi soir, l'empereur Napoléon, et je tombai à l'improviste sur un groupe de généraux qui, assis sur de simples chaises de paille ou des escabeaux de bois, fumaient leurs cigares en prenant le frais devant le palais improvisé de leur Souverain. Pendant que je m'informe de la direction assignée au maréchal de Mac-Mahon, ces officiers-généraux interrogent, de leur côté, le caporal qui m'accompagne, et qui, posté sur le siége de ma voiture près du cocher, leur paraît devoir être mon ordonnance;[1] ils voudraient savoir qui je suis, et découvrir le but de la mission dont ils me supposent chargé, car il ne pouvait guère leur venir à la pensée qu'un simple touriste eût entrepris de se risquer seul au milieu des camps, et que, parvenu jusqu'à Cavriana, il se proposât, à une heure aussi tardive, d'aller plus loin. Le caporal, qui n'en savait pas

[1] Ce caporal qui avait été blessé à Magenta, et qui après sa convalescence rejoignait son bataillon, s'était donné beaucoup de peine à Castiglione pour aider les infirmiers ; j'acceptai l'offre qu'il me fit de m'accompagner dans cette course au milieu des armées, où sa qualité de militaire gradé pouvait me tenir lieu de sauf-conduit dans un pareil moment. Ce même jour du 27, deux Anglais qui avaient voulu s'aventurer jusque dans l'intérieur des lignes françaises, furent pris par des soldats pour des espions allemands, et malmenés à travers le camp où ils avaient été se fourrer si malencontreusement, jusqu'à ce que, par bonheur pour eux, ils rencontrèrent le maréchal commandant le corps d'armée, qui mit promptement fin à une mésaventure dont nos deux insulaires demeurèrent d'ailleurs enchantés.

Henri Dunant

davantage, resta naturellement impénétrable, tout en répondant très-respectueusement à leurs questions, et la curiosité sembla s'accroître lorsqu'on me vit repartir pour Borghetto, où devait être le duc de Magenta. Le deuxième corps que commandait le maréchal, avait dû, le 26, se porter de Cavriana à Castellaro qui en est éloigné de cinq kilomètres, et ses divisions étaient établies à droite et à gauche de la route qui conduit de Castellaro à Monzambano ; le maréchal lui-même, avec son état-major, occupait Borghetto. Mais la nuit s'était avancée : n'ayant obtenu que des renseignements assez incomplets, au bout d'une heure de marche nous nous trompons de route, et prenant un chemin qui mène à Volta, nous allons ainsi tomber au travers du corps d'armée du général Niel, nommé maréchal depuis trois jours, et qui est campé dans les environs de cette petite ville. Les vagues rumeurs qui se font entendre sous ce beau ciel étoilé, ces feux des bivouacs alimentés par des arbres entiers, les tentes éclairées des officiers, en un mot ces derniers murmures d'un camp qui veille et qui s'endort, reposent agréablement l'imagination tendue et surexcitée ; les ombres du soir et un silence solennel ont fait place aux bruits variés et aux émotions de la journée, et l'air pur et doux d'une splendide nuit d'Italie se respire avec délices.

Quant à mon cocher italien, il était en proie à une telle frayeur au milieu de ces demi-ténèbres, et à l'idée d'être si rapproché de l'ennemi, qu'à plus d'une reprise je fus obligé de lui retirer les guides, et de les mettre aux mains du caporal ou de les prendre moi-même. Ce pauvre homme qui s'était enfui de Mantoue, huit ou dix jours auparavant, afin de se soustraire au service autrichien, s'était réfugié à Brescia pour chercher à y gagner sa vie, et il s'était engagé chez un maître voiturier qui l'employait comme cocher. Sa grande frayeur s'était considérablement augmentée d'un coup de feu tiré de loin par un Autrichien, qui avait déchargé son arme en se sauvant à notre approche et en disparaissant dans les taillis : lors de la retraite de l'armée autrichienne, quelques soldats s'étaient cachés dans les caves des maisons de petits villages abandonnés par leurs habitants et à moitié saccagés ; ces malheureux fugitifs, isolés et tout tremblants, s'étaient d'abord abreuvés et nourris tant bien que mal dans ces souterrains, ensuite ils s'étaient furtivement échappés dans les champs où ils erraient à l'aventure pendant la nuit. Incapable de se rassurer, le Mantouan ne pouvait plus du tout conduire son cheval en ligne directe ; il tournait continuellement la tête, de gauche à droite et de droite à gauche, il fouillait de ses yeux hagards tous les buissons du chemin, appréhendant à chaque instant d'y voir quelque Autrichien embusqué prêt à le mettre en joue, il sondait de ses regards effarés toutes les haies, toutes les masures, et ses craintes redoublaient au moindre tournant de route ; son effroi se changea en une terreur indescriptible lorsque le profond silence de la nuit fut soudainement interrompu par un nouveau coup de feu d'une vedette que l'obscurité nous avait empêchés d'apercevoir, et il faillit tomber en syncope à la vue d'un grand parapluie tout ouvert, percé de trois boulets et de plusieurs balles, qui se présenta à nos regards, sur le bord d'un champ, près du sentier qui conduisait à Volta : ce parapluie faisait probablement partie du bagage de quelque cantinière de l'armée française, à qui l'orage du 24 l'avait enlevé.

Nous avions rebroussé chemin pour reprendre la bonne route de Borghetto ; il était plus de onze heures, nous faisions galoper notre cheval avec toute la rapidité possible, et notre modeste petite voiture, franchissant l'espace, filait sans bruit sur la Strada Cavallara, lorsqu'une nouvelle alerte vint nous surprendre : « Qui vive, qui vive, qui vive, ou je fais feu ! » s'écrie sans reprendre haleine, et à bout portant, une sentinelle à cheval. « France ! » répond tout aussitôt le militaire qui ajoute en déclinant en même temps son grade : « Caporal au premier génie, septième compagnie… » — « Passez au large, » nous fut-il répondu. Enfin, à minuit moins un quart, nous atteignons sans autre rencontre les premières maisons de Borghetto.[1] Tout y est silencieux et sombre, cependant dans la rue principale une petite lumière brille à un rez-de-chaussée, et dans une chambre basse sont occupés des officiers comptables qui, quoique troublés dans leur travail, et fort surpris d'une apparition aussi inattendue, à pareille heure, se montrent pleins de courtoisie ; et l'un d'eux, M. A. Outrey, officier-payeur, avant même d'avoir vu que j'étais muni de diverses recommandations d'officiers-généraux, m'offrit une cordiale hospitalité : son ordonnance apporta un matelas sur lequel je me jetai tout habillé pour reposer quelques

---

1 Borghetto est un bourg de deux mille habitants environ, sur la rive droite du Min-cio, à peu près vis-à-vis de Valeggio. En 1848, les troupes sardes, sous les ordres du roi Charles-Albert, y franchirent le Mincio, malgré la vigoureuse résistance des Autrich-iens qui étaient commandés par le feldmaréchal Radetzky.

Henri Dunant

heures, après avoir pris un excellent bouillon qui me parut d'autant plus restaurant que depuis bien des jours je ne mangeais rien qui vaille, et je dormis tranquillement sans être, comme à Castiglione, suffoqué par des exhalaisons malsaines et harcelé par les mouches qui, rassasiées de cadavres, venaient encore torturer les vivants. Quant au caporal et au cocher, ils s'étaient installés dans le cabriolet resté dans la rue ; mais l'infortuné Mantouan, dans des transes continuelles, ne put fermer l'œil de toute la nuit, et je le retrouvai plus mort que vif.

Le 28, à six heures du matin, je recevais un accueil des plus bienveillants et des plus aimables du bon et chevaleresque maréchal de Mac-Mahon, si justement nommé l'idole de ses soldats,[1] et à dix heures j'étais dans cette maison de Cavriana devenue désormais historique, pour avoir, dans l'intervalle du matin au soir du 24, reçu deux grands monarques ennemis. À trois heures après midi, le même jour, j'étais de retour vers les blessés de Castiglione qui m'exprimaient leur joie de me revoir, et le 30 juin j'étais à Brescia.

Cette ville, si gracieuse et si pittoresque, est transformée, non pas en une grande ambulance provisoire comme Castiglione, mais bien en un immense hôpital : ses deux cathédrales, ses églises, ses palais, ses couvents, ses colléges, ses casernes, en un mot tous ses édifices sont encombrés par les victimes de Solférino ; quinze mille lits y ont été improvisés, en quelque sorte, du jour au lendemain ; les généreux habitants ont fait plus qu'on n'avait jamais fait, nulle part, vis-à-vis

---

1 Le duc de Magenta est très-aimé dans l'armée française, ses soldats ont pour lui autant d'affection que de vénération ; en voici un exemple : En 1856, en Algérie, sur la route de Constantine, deux ex-zouaves se trouvaient dans l'intérieur d'une diligence dont j'occupais le coupé ; ils allaient à Bathna, comme ouvriers, abattre des arbres dans les forêts ; ils s'entretenaient de la guerre d'Orient et du maréchal de Mac-Mahon dans leur langage pittoresque, dont quelques phrases parvinrent jusqu'à moi. « Ce géné-ral, disait l'un, y en a-t-il un pareil ? c'est lui qui savait nous commander ! nous som-mes de vieux troupiers, de vieux grognards, nous n'avons jamais eu peur, et cependant nous avons pleuré ; te rappelles-tu quand il nous a parlé dans la plaine, lorsque nous étions congédiés, que notre temps était fini, qu'il nous a fait ses adieux, et qu'il nous a dit : Mes enfants, vous avez servi avec courage sous les drapeaux, vous rentrez dans la vie civile, ne commettez jamais d'actions basses, rappelez-vous que vous avez un père, et ce père, c'est moi ! a-t-il dit en se frappant la poitrine… et ma bourse est la vôtre. Touchez-moi tous la main… Te rappelles-tu quand il nous a jeté sa bourse pleine d'or, et qu'il a dit : Partagez, mais surtout ne vous disputez pas !… Et nous avons tous pleuré, comme des petites filles. »

d'événements pareils. Au centre de la ville, la vieille basilique appelée il Duomo vecchio ou la Rotonde, avec ses deux chapelles, renferme un millier de blessés ; le peuple se porte en foule auprès d'eux, et les femmes de toutes les classes leur apportent à profusion des oranges, des gelées, des biscuits, des bonbons et des friandises ; l'humble veuve ou la plus pauvre petite vieille ne se croit pas dispensée de venir elle-même faire accepter son tribut de sympathie et sa modeste offrande ; les mêmes scènes se passent dans la nouvelle cathédrale, magnifique temple en marbre blanc à la vaste coupole, où sont agglomérés des centaines de blessés, et elles se répètent dans les quarante autres édifices, églises ou hôpitaux qui contiennent, entre eux tous, près de vingt mille blessés et malades.

La Municipalité de Brescia s'éleva aussitôt et sut se maintenir dignement au niveau des devoirs extraordinaires que lui imposaient des circonstances si solennelles ; elle s'était constituée en permanence, et elle s'entoura des lumières et des conseils des citoyens les plus notables qui l'appuyèrent efficacement de leur concours ; elle nomma pour la direction supérieure des hôpitaux, sur la proposition de l'éminent docteur Bartolomeo Gualla, une commission centrale dont il fut le président, et qui fut composée des docteurs Corbolani, Orefici, Ballini, Bonicelli, Cassa, C. Maggi et Abeni, lesquels, avec une activité digne d'admiration, ne s'épargnèrent aucune peine ni le jour ni la nuit. Cette Commission établit à la tête de chaque hôpital un administrateur spécial et un chirurgien en chef, aidé par quelques médecins et par un certain nombre d'infirmiers. En faisant ouvrir un couvent, une école ou une église, elle créait, en peu d'heures et comme par enchantement, des hôpitaux pourvus de centaines de lits, d'une cuisine spacieuse et d'une buanderie, et approvisionnés de linge, comme de tout ce qui pouvait être utile ou nécessaire. Ces mesures furent prises avec un tel empressement et avec tant de cœur qu'au bout de peu de jours on s'émerveillait du bon ordre et de la marche régulière de ces hospices si multipliés, et cet étonnement était bien naturel quand on réfléchit que la population de Brescia, qui est de quarante mille habitants, se trouva, tout à coup, à peu près doublée par plus de trente mille blessés ou malades.[1] Et comment ne pas rappeler ici que les médecins, au nombre

1 Du 15 juin au 31 août, et d'après des chiffres officiels, on a compté, seulement en fiévreux et en malades, 19,665 soldats reçus dans les hôpitaux de Brescia, dont plus de

de cent quarante, déployèrent, durant tout le temps de leurs fonctions, aussi difficiles que fatigantes, une énergie et un dévouement sublimes, sans qu'aucune susceptibilité ou rivalité quelconque ait altéré un instant, en quoi que ce soit, leur bonne harmonie pour le bien général ; ils furent secondés par des étudiants en médecine, et par un petit nombre de personnes de bonne volonté. Des comités auxiliaires s'étant organisés, une commission particulière fut nommée pour recevoir les dons et les offrandes en literie, lingerie et provisions de toute espèce, et une autre commission eut la direction du dépôt ou magasin central.[1]

Dans les vastes salles des hôpitaux, les officiers sont ordinairement séparés des soldats, et les Autrichiens ne sont pas confondus avec les Alliés. Les séries de lits paraissent semblables, mais sur une étagère au-dessus de chaque homme, son uniforme et son képi font distinguer l'arme à laquelle il appartient. On commence à empêcher la multitude d'entrer, elle gêne et embarrasse le service. À côté de militaires aux figures martiales et résignées, en voilà d'autres qui murmurent et qui se lamentent ; dans les premiers jours toutes les blessures semblent graves. On remarque chez les soldats français le caractère ou l'esprit gaulois vif, net, souple et facile, quoique ferme et énergique, mais impatient et susceptible de s'emporter à la moindre contrariété. S'inquiétant peu et ne s'affectant guère, leur insouciance fait qu'ils se prêtent plus volontiers aux opérations que les Autrichiens, qui, d'humeur moins légère, redoutent beaucoup les amputations, et sont plus disposés à s'attrister dans leur isolement. Les médecins italiens, vêtus de leurs grandes robes noires, soignent les Français avec tous les égards possibles, mais le mode de traitement que suivent quelques-uns d'entre eux, désole leurs malades, car il prescrit la diète, la saignée et l'eau de tamarin.

Je retrouve dans ces salles plusieurs de mes blessés de Castiglione qui me reconnaissent : ils sont mieux soignés maintenant, mais leurs épreuves ne sont pas finies. Voici l'un de ces héroïques voltigeurs de la garde qui s'est si courageusement battu, et qui a séjourné à Castiglione,

---

19,000 appartenaient à l'armée franco-sarde. De leur côté, les Autrichiens comptaient au moins 20,000 malades dans leurs hôpitaux de la Vénétie, sans parler de la masse des blessés qui y étaient aussi soignés.

1 La première de ces commissions était composée de MM. Pallavicini, Glisenti, Averoldi, Sienna, des avocats Zuccoli et Conter, et du chanoine Rossa ; et la seconde de MM. Basiletti, Caprioli, Rovetta et Da Ponte.

où je l'ai pansé pour la première fois : atteint d'un coup de feu à la jambe, il est étendu sur son grabat ; l'expression de son visage dénote une profonde souffrance, il a les yeux caves et ardents, son teint jaune et livide annonce que la fièvre purulente est venue compliquer et aggraver son état, ses lèvres sont sèches, sa voix tremblotante, la hardiesse du brave a fait place à je ne sais quel sentiment d'appréhension craintif et hésitant, il a peur qu'on s'approche de sa pauvre jambe que la gangrène a déjà envahie. Le chirurgien français, qui fait les amputations, passe devant son lit, le malade lui prend la main qu'il serre dans les siennes, dont le toucher est comme celui d'un fer brûlant. « Ne me faites pas de mal, c'est horrible ce que je souffre ! » s'écrie-t-il. Mais il faut agir, et sans retard : vingt autres blessés veulent être opérés dans la même matinée, et cent cinquante attendent leur pansement, on n'a pas le temps de s'apitoyer sur un seul ni de s'arrêter à ses indécisions. Le chirurgien, bon de caractère, mais froid et résolu, répond seulement : « Laissez-nous faire, » puis il relève rapidement la couverture ; la jambe fracturée a doublé de volume, de trois endroits s'écoule une suppuration abondante et fétide, des taches violettes prouvent qu'une artère principale ayant été rompue le membre ne peut plus être nourri, il n'y a donc plus de remède, et la seule ressource, s'il y en a une, c'est l'amputation au tiers supérieur de la cuisse. Amputation ! mot effrayant pour ce malheureux jeune homme, qui dès lors ne voit devant lui d'autre alternative qu'une mort prochaine ou la misérable existence d'un estropié. Il n'a plus le temps de se préparer à la dernière décision : « Mon Dieu, mon Dieu ! qu'allez-vous faire ? » demande-t-il tout frissonnant. Le chirurgien ne répond pas. « Infirmier, transportez, dépêchez ! » dit-il. Mais un cri déchirant s'élève de cette poitrine haletante, l'infirmier maladroit a saisi la jambe inerte, et pourtant si sensible, beaucoup trop près de la plaie : les os fracturés en pénétrant dans les chairs ont causé un horrible supplice au soldat, dont on voit la jambe fléchir, ballottée par les secousses du transport jusqu'à la salle des opérations. Affreux cortége ! il semble que l'on conduise une victime à la mort. Il repose enfin sur la table des opérations, qui est recouverte d'un mince matelas ; à côté de lui, et sur une autre table, une serviette cache les instruments. Le chirurgien, tout à son affaire, n'entend et ne voit plus que son opération ; un jeune aide-major retient les bras du patient, et pendant que l'infirmier, saisissant la jambe saine, attire de toutes ses forces le malade vers le bord de la

Henri Dunant

table, celui-ci effrayé s'écrie : « Ne me laissez pas tomber ! » et il serre convulsivement avec ses bras le jeune docteur prêt à le soutenir, et qui lui-même, pâle d'émotion, est presque tout aussi troublé. L'opérateur a ôté son habit, il a retroussé ses manches jusque près de l'épaule, un large tablier remonte jusqu'à son cou ; un genou sur les dalles de la salle et la main armée du terrible couteau, il entoure de son bras la cuisse du soldat et d'un seul coup fend la peau dans toute sa circonférence, un cri perçant a retenti dans l'hôpital ; le jeune médecin, face à face avec le martyr, peut contempler sur ses traits contractés les moindres détails de cette atroce agonie : « Courage, » dit-il à demi-voix au soldat, dont il sent les mains se crisper sur son dos : « deux minutes encore et vous serez délivré ! » Le chirurgien s'est relevé, il a commencé à séparer la peau des muscles qu'elle recouvre, et qu'il met à nu ; il découpe et pèle en quelque sorte les chairs en retroussant la peau à la hauteur d'un pouce, comme une manchette ; puis, revenant à la charge, d'un tour vigoureux il traverse et tranche avec son couteau tous les muscles jusqu'à l'os ; un torrent de sang jaillit des artères qui viennent d'être ouvertes, inonde l'opérateur et ruisselle sur le plancher. Calme et impassible, l'habile praticien ne prononce pas un mot, mais tout à coup au milieu du silence qui règne dans la salle, il s'adresse avec colère à l'infirmier maladroit : « Imbécile, lui dit-il, ne savez-vous pas comprimer les artères ? » Ce dernier, peu expérimenté, n'a pas su prévenir l'hémorragie en appliquant convenablement le pouce sur les vaisseaux. Le blessé, au comble de la douleur, articule faiblement : « Oh ! c'est assez, laissez-moi mourir ! » et une sueur glacée découle de son visage. Mais il y a encore une minute à passer, une minute qui est une éternité. L'aide-major, toujours plein de sympathie, mesure les secondes, et observant tour à tour ou le maître qui opère ou la figure du patient, il essaie de soutenir son courage, et le voyant frissonner d'épouvante, il lui dit : « Plus qu'une minute ! » En effet le moment de la scie est arrivé, et déjà l'on entend l'acier qui crie en pénétrant dans l'os vif et qui sépare du corps le membre à moitié pourri. Mais la douleur a été trop forte sur ce corps affaibli et épuisé, et les gémissements ont cessé, car le malade s'est évanoui : le chirurgien qui n'est plus guidé par ses cris et ses plaintes, craignant que son silence ne soit celui de la mort, le regarde avec inquiétude pour s'assurer qu'il n'a pas expiré ; les cordiaux, tenus en réserve, ne parviennent qu'avec peine à ranimer ses yeux ternes, à demi-fermés et comme flétris ; le mourant semble pourtant renaître à la vie, il est brisé et exténué, mais au moins ses grandes souffrances sont terminées.

Dans l'hôpital voisin on emploie quelquefois le chloroforme : alors le patient, surtout le Français, traverse deux périodes bien distinctes ; il passe d'une agitation, qui va souvent jusqu'au délire furieux, à un abattement et à une prostration complète, dans laquelle il demeure plongé comme dans une profonde léthargie ; quelques militaires, adonnés à l'usage des liqueurs fortes, ne sont que très-difficilement chloroformés et se débattent longtemps contre ce puissant anesthésique. Les accidents et les cas de mort avec le chloroforme ne sont point aussi rares qu'on pourrait le croire, et parfois c'est en vain qu'on essaie de rappeler à la vie celui qui, quelques instants auparavant, vous parlait encore.

Qu'on se représente maintenant une opération de ce genre sur un Autrichien, ne sachant ni l'italien ni le français, et qui se laisse conduire à peu près comme un mouton à la boucherie, sans pouvoir échanger une seule parole avec ses charitables bourreaux. Les Français rencontrent partout de la sympathie, ils sont flattés, choyés, encouragés, et, lorsqu'on leur parle de la bataille de Solférino, quoiqu'ils y aient été si cruellement frappés, ils s'animent et discutent : ces souvenirs, glorieux pour eux, les enthousiasment et semblent, en reportant ainsi leurs pensées ailleurs que sur eux-mêmes, adoucir un peu leur position. Mais les Autrichiens n'ont point les mêmes priviléges. Dans les divers hôpitaux où ils sont parqués, j'insiste absolument pour les voir, ou bien je pénètre presque de force dans leurs chambrées. Avec quelle vive gratitude ces braves gens accueillent mes paroles de sympathie et le don d'un peu de tabac ! Sur leurs figures résignées, calmes et douces, se peignent les sentiments qu'ils ne savent comment exprimer, leurs regards en disent plus que tous les remerciements possibles. Les officiers se montrent particulièrement sensibles aux attentions qu'on a pour eux ; ils sont traités, comme leurs soldats, avec humanité par les Brescians, mais ceux-ci ne leur témoignent aucune bienveillance. Dans l'hôpital où est le prince d'Isembourg, il occupe, avec un autre prince allemand, une petite chambre assez confortable.

Pendant plusieurs jours de suite je distribue du tabac, des pipes et des cigares dans les églises et les hôpitaux, où l'odeur du tabac, fumé par des centaines d'hommes, était très-utile pour combattre les exhalaisons méphitiques, résultant de l'agglomération de tant de malades dans des locaux étouffants de chaleur ; tout ce qu'il y avait de tabac à Brescia finit bien vite par s'épuiser, et l'on fut obligé d'en faire venir de Milan ; c'était la seule chose qui diminuât les appréhensions des blessés avant l'amputation d'un membre ; beaucoup ont été opérés la pipe à la bouche, et plusieurs sont morts en fumant.

Un honorable habitant de Brescia, M. Carlo Borghetti, me conduit lui-même dans sa voiture, avec une extrême obligeance, aux hôpitaux de la ville, et il m'aide à répartir nos cadeaux de tabac, arrangés par les marchands en des milliers de petits cornets, que portent, dans d'énormes corbeilles et de gigantesques paniers, des soldats de bonne volonté. Partout je suis bien accueilli. Seul entre tous, un docteur lombard, le comte Calini, ne voulut pas autoriser, dans l'hôpital militaire de San Luca confié à ses soins, les dons de cigares, au grand déplaisir des pauvres alités qui jetaient des regards d'envie sur les provisions de tabac entreposées à la porte, tandis que tous les autres médecins, au contraire, se sont montrés aussi reconnaissants que leurs malades des cadeaux de cette espèce. Ce petit contretemps ne m'arrêta pas, et je dois dire que c'est là le premier obstacle que j'aie rencontré et la première difficulté, quoique en elle-même bien minime, qui se présenta à moi ; jusque-là, en effet, je n'avais éprouvé aucune contrariété de ce genre, et, ce qui est plus étonnant, je n'avais pas même eu à exhiber une seule fois mon passeport ni les lettres de chaleureuses recommandations de généraux[1] pour d'autres officiers généraux, lettres dont mon portefeuille était garni. Je ne me tins donc pas pour battu vis-à-vis du docteur Calini, et le même jour dans l'après-midi, à la suite d'une nouvelle tentative à San Luca, je réussis à faire une large répartition de cigares à ces braves estropiés auxquels j'avais, bien innocemment, fait subir le supplice de Tantale ; en me voyant revenir, ils ne purent s'empêcher de faire entendre des exclamations et des soupirs de satisfaction et de joie.

1 Notamment du général marquis de Beaufort d'Hautpoul, aussi distingué par son caractère bon et affable que par ses brillantes qualités militaires : il était chef d'état-major général du corps d'armée qui avait occupé la Toscane. Depuis lors il a commandé en chef l'expédition de Syrie — Le général de Beaufort est le neveu de feu le respectable comte de Budé, membre du Conseil général de l'Ain, qui vient de mourir à Genève, en juillet 1862, regretté de tous ceux qui l'ont connu, et que son cœur excellent et ses qualités nobles et aimables avaient fait chérir de ses nombreux amis.

Dans le cours de mes pérégrinations je pénètre dans une succession de chambres formant le second étage d'un vaste couvent, espèce de labyrinthe converti en hôpital, et dont les salles du rez-de-chaussée et du premier étage sont remplies de malades ; je trouvai dans l'une de ces chambres hautes quatre ou cinq blessés et fiévreux, dans une autre dix ou quinze, dans une troisième une vingtaine, chacun étendu dans son lit, mais tous laissés sans secours et se plaignant amèrement de n'avoir vu aucun infirmier depuis plusieurs heures ; ils me demandèrent, avec de vives instances, qu'on voulût bien leur porter un peu de bouillon à la place de l'eau glacée qu'ils avaient pour toute boisson. À l'extrémité d'un interminable corridor, dans une chambre tout à fait isolée, se mourait seul, immobile sur son grabat, un jeune bersaglier, saisi par le tétanos ; quoiqu'il parût encore plein de vie et qu'il eût les yeux tout ouverts, il n'entendait et ne comprenait plus rien, aussi l'avait-on déjà abandonné. Beaucoup de soldats français me prient d'écrire à leurs parents, quelques-uns à leur capitaine, qui remplace, à leurs yeux, leur famille absente. Dans l'hôpital S[t]. Clément, une noble dame de Brescia, la comtesse Bronna, s'emploie avec une abnégation admirable à soigner les amputés ; les soldats français en parlent avec enthousiasme, les détails les plus rebutants ne l'arrêtent point. « Sono madre, » me dit-elle avec une simplicité sublime. Je suis mère ! ce mot révélait toute la grandeur de son dévouement aussi complet que maternel.

Dans les rues, je suis arrêté, jusqu'à cinq fois de suite, par des bourgeois de Brescia qui me supplient de venir chez eux leur servir d'interprète auprès d'officiers français blessés, commandants, capitaines ou lieutenants, qu'ils ont voulu avoir dans leurs maisons, et auxquels ils donnent tous les soins les plus empressés et les plus affectueux, mais souvent sans pouvoir saisir un seul mot de ce que leur dit leur hôte qui ne connaît pas l'italien ; ce dernier, presque toujours agité et inquiet, s'irrite de ne pas être compris, au grand désespoir de la famille entière qui l'entoure des égards les plus sympathiques, mais les voit reçus avec l'impatience et la mauvaise humeur que donnent la fièvre et la souffrance ; ou bien c'est un officier que le docteur italien veut saigner et qui, s'imaginant qu'on veut l'amputer, lui résiste de toutes ses forces, et en s'échauffant se fait un mal affreux : des paroles rassurantes et explicatives, prononcées dans la langue de leur patrie, parviennent seules, au milieu de ces quiproquos lamentables, à calmer ces invalides de Solférino. Avec quelle douceur et quelle patience les habitants de Brescia se dévouent maintenant, à leur tour, auprès de ceux qui se sont dévoués pour eux et leur pays afin de les délivrer de la domination étrangère ! c'est un véritable chagrin qu'ils ressentent lorsque leur malade vient à mourir. Combien il est touchant de voir ces familles improvisées suivre religieusement, le long de la grande avenue de cyprès de la porte S^t. Jean, jusqu'au Campo Santo, en l'accompagnant à sa dernière demeure, le cercueil de l'officier français, leur hôte de quelques jours, qu'ils pleurent comme un ami, comme un parent, comme un fils, et dont ils ignoraient peut-être le nom !

C'est pendant la nuit qu'on enterre les soldats qui meurent dans les hôpitaux ; on a soin de prendre note, du moins le plus souvent, de leurs noms ou de leurs numéros, ce qui ne se faisait guère à Castiglione.

Toutes les villes de la Lombardie tinrent à honneur de revendiquer leurs droits dans la répartition des blessés. À Bergame, à Crémone, les secours étaient fort bien organisés, et les sociétés spéciales furent secondées par des comités auxiliaires de dames, qui soignèrent parfaitement leurs nombreux contingents de malades ; et dans l'un des hôpitaux de Crémone un médecin italien ayant dit : « Nous réservons les bonnes choses pour nos amis de l'armée alliée mais nous donnons à nos ennemis tout juste le nécessaire, et s'ils meurent, tant pis ! » ajoutant pour s'excuser de ces paroles barbares que, d'après les rapports de quelques soldats italiens revenus de Vérone et de Mantoue, les Autrichiens laissaient mourir sans soins les blessés de l'armée franco-sarde, une noble dame de Crémone, la comtesse *** qui les avait entendues, et qui s'était consacrée de tout son cœur aux hôpitaux, s'empressa d'en témoigner sa désapprobation, en déclarant qu'elle entourait tout à fait des mêmes soins les Autrichiens et les Alliés, et qu'elle ne faisait pas de différence entre amis et ennemis, « car, ajouta-t-elle, Notre Seigneur Jésus-Christ n'a point établi de pareilles distinctions entre les hommes lorsqu'il s'agit de leur faire du bien. » Quoiqu'il soit possible que les prisonniers de l'armée alliée aient d'abord été traités un peu rudement, ces rapports étaient certainement inexacts et exagérés, et en tout cas rien ne pouvait justifier de pareilles expressions.

Quant aux médecins français, non-seulement ils font tout ce qui leur est humainement possible, sans se préoccuper des nationalités, mais ils gémissent et s'affligent de ce qu'ils ne peuvent pas faire. Écoutons à cet égard le docteur Sonrier : « Je ne puis, dit-il, sans de profonds retours de tristesse, songer à une petite salle de vingt-cinq lits affectés, à Crémone, aux Autrichiens les plus gravement atteints. Je vois alors se dresser devant moi ces figures hâves, terreuses, au teint flétri par l'épuisement et une longue résorption purulente, implorant avec une pantomime accompagnée de cris déchirants, comme une grâce dernière, l'ablation d'un membre qu'on avait voulu conserver, pour aboutir à une lamentable agonie dont nous sommes demeurés les spectateurs impuissants ! »

L'Intendant général de Brescia et le docteur Gualla, directeur général des hôpitaux de cette ville, le docteur Commissetti, médecin en chef de l'armée sarde, et le docteur Carlo Cotta, inspecteur sanitaire de la Lombardie, rivalisèrent de dévouement et doivent être honorablement signalés après l'illustre baron Larrey, médecin-inspecteur en chef de l'armée française ; le docteur Isnard, médecin principal de première classe, montra une habileté remarquable comme praticien et comme administrateur ; près de lui, à Brescia, se distingua M. Thierry de Maugras, et toute une phalange de courageux et infatigables chirurgiens français dont on voudrait pouvoir citer tous les noms ; car, certes, si ceux qui tuent peuvent prétendre à des titres de gloire, ceux qui guérissent, et souvent au péril de leur vie, méritent bien l'estime et la reconnaissance. Un chirurgien anglo-américain, le docteur Norman Bettun, professeur d'anatomie à Toronto, dans le Haut-Canada, vint exprès de Strasbourg apporter son concours à ces hommes dévoués. Des étudiants en médecine étaient accourus de Bologne, de Pise, et d'autres villes d'Italie. À côté des habitants de Brescia, quelques Français en passage, des Suisses et des Belges, autorisés par l'Administration, étaient venus aussi offrir spontanément leurs services et visitèrent les hôpitaux, se rendant utiles auprès des malades, et leur donnant de légers adoucissements tels que des oranges, des sorbets, du café, des limonades, du tabac. L'un d'entre eux changea un billet de banque allemand d'un florin à un Croate, qui, depuis un mois, implorait tous ceux qu'il voyait pour obtenir cet échange, sans lequel il ne pouvait faire aucun usage de cette modique valeur composant toute sa fortune. À l'hôpital San Gaetano, un religieux franciscain se distingue par son zèle envers les malades, et un jeune soldat piémontais, convalescent, qui, originaire de Nice, parle français et italien, traduit leurs plaintes ou leurs demandes aux médecins lombards, aussi le garde-t-on comme interprète. À Plaisance, dont les trois hôpitaux étaient administrés par des particuliers et par des dames faisant l'office d'infirmiers et d'infirmières, l'une de ces dernières, une jeune demoiselle, que sa famille suppliait de renoncer à y passer ses journées, à cause des fièvres pernicieuses et contagieuses qui y régnaient, continuait néanmoins la tâche qu'elle s'était imposée, de si bon cœur, avec tant de douceur et un entrain si aimable, qu'elle était vénérée de tous les soldats : « Elle met, disaient-ils, de la joie dans l'hôpital.» — Ah ! combien eussent été précieux dans ces villes de la Lombardie une centaine d'infirmiers et d'infirmières volontaires, expérimentés et bien qualifiés pour une pareille œuvre ! ils auraient rallié autour d'eux des secours épars et des forces disséminées qui auraient eu besoin d'une direction éclairée, car non-seulement le temps manquait à ceux qui étaient capables de conseiller et de conduire, mais les connaissances et la pratique faisaient défaut à la plupart de ceux qui ne pouvaient apporter que leur dévouement individuel, par conséquent insuffisant et bien souvent stérile. En effet, que pouvaient faire, isolées et disséminées, une poignée de personnes de bonne volonté, vis-à-vis d'une œuvre si grande et si pressante ! Au bout de huit ou dix jours, l'enthousiasme charitable des habitants de Brescia, si véritable cependant, s'était beaucoup refroidi ; ils se sont fatigués et lassés, à de très-honorables exceptions près. En outre, les bourgeois inexpérimentés ou peu judicieux, apportant dans les églises ou les hôpitaux une nourriture souvent malsaine aux blessés, on fut obligé de leur en interdire l'entrée ; beaucoup d'entre eux qui auraient consenti à venir passer une heure ou deux auprès des malades, y renonçaient dès qu'il s'agissait d'avoir une permission et de faire des démarches pour l'obtenir ; et les étrangers qui auraient été disposés à rendre service et à s'utiliser, rencontraient des obstacles imprévus, tantôt d'une espèce, tantôt d'une autre, de nature à les décourager. Mais des infirmiers volontaires bien choisis et capables, envoyés par des sociétés, ayant la sanction et l'approbation des autorités, auraient surmonté sans peine toutes les difficultés et fait incomparablement plus de bien.

Pendant les huit premiers jours après la bataille, les blessés dont les médecins disaient à demi-voix en passant devant leurs lits et en branlant la tête : « Il n'y a plus rien à faire ! » ne recevaient plus guère de soins, et mouraient délaissés et abandonnés. Et cela n'était-il pas tout naturel, vu le très-petit nombre d'infirmiers, en regard de la quantité énorme des blessés, n'était-il pas d'une logique aussi inévitable que désolante et cruelle de les laisser périr sans plus s'occuper d'eux, et sans leur consacrer un temps précieux qu'il était si nécessaire de réserver aux soldats encore susceptibles de guérison ? Ils étaient nombreux ceux que l'on condamnait ainsi par avance, et ils n'étaient pas sourds ces malheureux sur lesquels on prononçait cet arrêt inexorable : bientôt ils s'apercevaient de leur délaissement, c'était le cœur déchiré et ulcéré qu'ils rendaient le dernier soupir, sans que personne s'en émût ou y prît garde ; et la fin de tel d'entre eux était peut-être encore rendue plus triste et plus amère par le voisinage de quelque jeune zouave, légèrement blessé, dont les plaisanteries frivoles et déplacées, partant du lit à côté du sien, ne lui laissent ni trêve ni repos, et par la proximité d'un autre compagnon d'infortune qui vient d'expirer, ce qui le force d'assister, lui moribond, aux funérailles si lestes, dévolues à ce camarade défunt, funérailles qui mettent d'avance sous ses yeux celles qu'il subira bientôt lui-même ; et heureux est-il s'il n'aperçoit pas certaines gens qui, le voyant à l'article de la mort, profitent de son état de faiblesse pour aller fureter dans son havre-sac et le dévaliser de ce qu'ils y trouveront à leur convenance. Ce mourant, abandonné, a pourtant, depuis huit jours, des lettres de sa famille à la poste : si elles lui étaient remises, elles seraient pour lui une consolation suprême ; il a supplié, à diverses reprises, les gardiens d'aller les lui chercher, pour qu'il puisse les lire avant son heure dernière, mais les gardiens paresseux ont répondu durement qu'ils n'en avaient pas le temps, ayant bien autre chose à faire.

Il eût mieux valu pour toi, pauvre martyr, que tu eusses péri brusquement frappé d'une balle sur le champ de carnage, au milieu de ces splendides horreurs qu'on nomme la gloire ! ton nom du moins eût été entouré d'un peud'éclat, si tu étais tombé auprès de ton colonel en défendant le drapeau de ton régiment ; il eût même mieux valu pour toi que tu eusses été enterré tout vivant par les rustres auxquels la mission d'ensevelir était dévolue, lorsque, privé de connaissance, tu as été relevé inanimé sur le mamelon des Cyprès ou dans la plaine de Médole ! au

Henri Dunant

moins ton affreuse agonie n'aurait pas été longue ; mais maintenant, c'est une succession d'agonies que tu dois endurer, ce n'est plus le champ d'honneur qui se présente à toi, mais après d'inexprimables souffrances la mort froide et lugubre, accompagnée de tous ses épouvantements ; enfin c'est à peine si ton nom échappera à l'épithète si brève de « disparu, » pour toute oraison funèbre !

Qu'était devenue cette ivresse profonde, intime, inexprimable, qui électrisait ce valeureux combattant, d'une manière si étrange et si mystérieuse, à l'ouverture de la campagne, et lors de la journée de Solférino, dans les moments mêmes où il jouait sa vie, et où sa bravoure avait en quelque sorte soif du sang de ses semblables qu'il courait répandre d'un pied si léger ? Qu'étaient devenus, comme dans les premiers combats, ou lors de ces entrées triomphales dans les grandes cités de la Lombardie, cet amour de la gloire et cet entraînement si communicatif, augmentés mille fois par les accents mélodieux et fiers des musiques guerrières et par les sons belliqueux des fanfares retentissantes, et ardemment aiguillonnés par le sifflement des balles, le frémissement des bombes et les mugissements métalliques des fusées et des obus qui éclatent et qui se brisent, dans ces heures où l'enthousiasme, la séduction du péril et une excitation violente et inconsciente font perdre de vue la pensée du trépas ?

C'est dans ces nombreux hôpitaux de la Lombardie que l'on pouvait voir et apprendre à quel prix s'achète ce que les hommes appellent pompeusement la gloire, et combien cette gloire se paie cher ! — La bataille de Solférino est la seule qui, au xixe siècle, puisse être mise en parallèle, pour l'étendue des pertes qu'elle entraîna, avec les batailles de Borodino, de Leipsick et de Waterloo. En effet, comme résultat de la journée du 24 juin 1859, on comptait en tués ou blessés, dans les armées autrichienne et franco-sarde, 3 feldmaréchaux, 9 généraux, 1566 officiers de tous grades, dont 630 autrichiens et 936 alliés, et environ 40,000 soldats ou sous-officiers.[1] Deux mois après, il fallait joindre à ces chiffres, pour les trois armées réunies, plus de 40,000 fiévreux et

---

1 Des journaux français et des publications ont prétendu qu'au moment de signer le traité de paix de Villafranca, le feldmaréchal Hess avait avoué que les Autrichiens, à la bataille de Solférino, avaient eu 50,000 hommes mis hors de combat, car, aurait-il ajouté, « les canons rayés français décimaient nos réserves. » Mais il est permis de douter de l'authenticité de ces paroles, répétées par quelques journaux.

morts de maladie, soit par suite des fatigues excessives éprouvées le 24 juin et les jours qui précédèrent immédiatement ou qui suivirent cette date, soit par l'influence pernicieuse du climat au milieu de l'été et les chaleurs tropicales des plaines de la Lombardie, soit enfin par les accidents provenant des imprudences que commettaient les soldats. — Abstraction faite du point de vue militaire et glorieux, cette bataille de Solférino était donc, aux yeux de toute personne neutre et impartiale, un désastre pour ainsi dire européen.[1]

Le transport des blessés, de Brescia à Milan, qui a lieu pendant la nuit (à cause de la chaleur torride du jour), présente un spectacle aussi dramatique que saisissant avec ses trains chargés de soldats mutilés, et l'arrivée aux gares, encombrées d'une population morne et silencieuse éclairée par les pâles lueurs des torches de résine, et avec cette foule compacte qui, toute palpitante à la fois d'émotion et de sympathie, semble vouloir suspendre sa respiration pour écouter les gémissements ou les plaintes étouffées qui arrivent jusqu'à elle depuis les sinistres convois.

Sur le chemin de fer de Milan à Venise, les Autrichiens, en se retirant peu à peu, dans le courant du mois de juin, jusqu'au lac de Garda, avaient coupé, sur plusieurs points, la partie de la voie ferrée qui s'étend de Milan à Brescia et à Peschiera ; mais cette ligne avait été promptement

---

1 Ecoutons Paul de Molènes, qui assistait à la bataille de Solférino comme officier supérieur dans l'armée française, et à qui son noble cœur a dicté les lignes suivantes qui sont tout à fait en harmonie avec notre sujet :
« Après la bataille de Marengo, » celle de 1800, « qui fut bien loin pourtant d'égaler en carnage la bataille de Solférino, Napoléon Ier éprouva un de ces sentiments soudains et puissants, étrangers aux conseils de la politique, supérieurs peut-être aux inspirations mêmes du génie, un de ces sentiments, le secret des âmes héroïques, qui éclosent sous les regards de Dieu, dans les parties les plus hautes et les plus mystérieuses de la conscience. — C'est sur le champ de bataille, écrivit-il à l'empereur d'Autriche, au milieu des souffrances d'une multitude de blessés, et environné de quinze mille cadavres, que je conjure Votre Majesté d'écouter la voix de l'humanité. — Cette lettre que nous a donnée tout entière un historien célèbre de nos jours, m'a vivement frappé. Celui qui l'avait tracée en fut lui-même ému et surpris. Sa surprise ne fut point mêlée toutefois du remords secret dont sont pénétrés, à ce qu'ils nomment leur réveil, ces hommes qui accusent leur esprit d'avoir dormi quand ils ont laissé s'accomplir quelque acte généreux de leur cœur. Il accepta, sous la forme imprévue où elle s'était offerte à lui, une pensée dont il comprenait et respectait la source. — Or la source de la pensée qui arracha au vainqueur de Marengo cet étrange cri de pitié et de tristesse, la bataille de Solférino, ajoute Paul de Molènes la faisait de nouveau jaillir. »

réparée et rouverte à la circulation[1] pour faciliter le transport du matériel, des munitions, des vivres expédiés à l'armée alliée, et pour permettre l'évacuation des hôpitaux de Brescia.

À chaque station, des baraques longues et étroites avaient été construites pour la réception des blessés, qui, à leur sortie des wagons, étaient déposés sur des lits, ou sur de simples matelas alignés les uns à la suite des autres ; sous ces hangars sont dressées des tables surchargées de pain, de bouillon, de vin et surtout d'eau, ainsi que de charpie et de bandelettes dont le besoin ne cesse pas de se faire continuellement sentir. Une multitude de flambeaux, tenus par les jeunes gens de la localité où le convoi est arrêté, dissipent les ténèbres, et les citadins lombards, infirmiers improvisés, se hâtent d'apporter leur tribut d'égards et de gratitude aux vainqueurs de Solférino : sans faire de bruit et dans un religieux silence ils pansent les blessés, ou les portent hors des wagons avec des précautions toutes paternelles, et les étendent soigneusement sur les couches qu'ils leur ont préparées ; les dames du pays leur offrent des boissons rafraîchissantes ou des comestibles de toute espèce, qu'elles distribuent dans les wagons à ceux qui, en bonne voie de convalescence, doivent poursuivre leur route ou aller jusqu'à Milan.

Dans cette ville où il arrive à la gare de Brescia un millier de blessés par nuit,[2] pendant plusieurs nuits de suite, les martyrs de Solférino sont reçus comme l'avaient été ceux de Magenta et de Marignan, c'est-à-dire avec un empressement et une affection dont la persévérance ne se lasse point.

Ce ne sont plus maintenant des feuilles de roses que répandent, depuis les balcons pavoisés des somptueux palais de l'aristocratie milanaise, sur des épaulettes étincelantes et sur des croix moirées d'or et d'émail, ces gracieuses et belles jeunes patriciennes, rendues plus belles encore par l'exaltation d'un enthousiasme passionné ; mais ce sont des

1 Ce résultat a été dû particulièrement à l'activité et à l'énergie de M. Charles Brot, banquier à Milan, seul membre du Conseil d'administration des chemins de fer lombards-vénitiens qui fût resté dans cette ville.

2 Vers le milieu de juin 1859, et par conséquent avant Solférino, les hôpitaux de Milan renfermaient déjà environ neuf mille blessés, résultant des engagements précédents : l'hôpital Majeur ou grand hospice civil (fondé dans le XVe siècle par Blanche Visconti, femme du duc Sforza) en contenait à lui seul près de trois mille.

larmes brûlantes, expression d'un saisissement douloureux et d'une compassion qui va se transformer en un dévouement chrétien, patient et rempli d'abnégation.

Toutes les familles qui disposent d'une voiture viennent prendre des blessés à la gare, et le nombre de ces équipages, envoyés spontanément par les Milanais, dépasse peut-être cinq cents ; les plus riches calèches, comme les plus modestes carrioles, sont tous les soirs dirigées à Porta Tosa, où est l'embarcadère du chemin de fer de Venise ; les nobles dames italiennes tiennent à honneur de placer elles-mêmes dans leurs voitures qu'elles ont garnies de matelas, de draps et d'oreillers, les hôtes qui leur tombent en partage et qui ont été transportés depuis les wagons jusque dans ces opulents carrosses par les seigneurs lombards, aidés dans cet office par leurs serviteurs tout aussi zélés. La foule acclame sur leur passage ces privilégiés de la souffrance, elle se découvre respectueusement, et elle escorte la marche lente des voitures avec des torches illuminant les mélancoliques figures des blessés qui essaient de sourire ; elle les accompagne jusqu'au seuil des palais et des maisons hospitalières où les attendent les soins les plus assidus.

Chaque famille veut avoir chez elle des blessés français, et cherche à diminuer, par toutes sortes de bons procédés, la privation de la patrie, des parents et des amis ; dans les maisons particulières comme dans les hôpitaux, les meilleurs médecins sont occupés auprès d'eux.[1] Les

---

1 Les habitants de Milan durent, pour la plupart, et au bout de peu de jours, consigner dans les hôpitaux les soldats malades qu'ils avaient recueillis chez eux, parce qu'on voulait éviter la dissémination des secours à donner et un surcroît de fatigues aux médecins qui ne pouvaient suffire à tant de visites.

La haute surveillance des hôpitaux de cette ville était confiée au docteur Cuvellier, qui s'acquitta dignement de la tâche difficile dont l'avait chargé le chirurgien en chef de l'armée d'Italie. Ce dernier tut puissamment secondé, après la bataille de Solférino, par M. Faraldo, intendant général de la province de Brescia, dont l'admirable activité, dans ces graves circonstances et les sentiments élevés méritent les plus grands éloges.

L'armée française, lorsqu'elle partit de Milan vers le milieu de juin pour se diriger sur Brescia, laissait disponibles derrière elle des abris tutélaires pour plus de huit mille blessés.

Il faut mentionner la bonne organisation de l'armée française au point de vue humanitaire, laquelle était due spécialement à S. E. le maréchal Randon, ministre de la guerre au maréchal Vaillant, major-général de l'armée d'Italie, et au général de Martimprey, aide-major général de l'armée.

plus grandes dames milanaises leur témoignent une sollicitude aussi courageuse que durable ; elles veillent au chevet du simple soldat, comme à celui de l'officier, avec la plus inébranlable constance ; Mme Uboldi de Capei, Mme Boselli, Mme Sala, née comtesse Taverna, et beaucoup d'autres nobles dames, oubliant leurs habitudes élégantes et commodes, passent des mois entiers à côté des lits de douleur des malades, dont elles deviennent les anges tutélaires. Tous ces bienfaits sont répandus sans ostentation ; et ces soins, ces consolations, ces attentions de chaque moment, ont bien droit, avec la reconnaissance des familles de ceux qui en ont été les objets, à la respectueuse admiration de chacun. Quelques-unes de ces dames étaient des mères dont les vêtements de deuil révélaient des pertes douloureuses toutes récentes ; rappelons à cet égard la sublime confidence de l'une d'elles au docteur Bertherand : « La guerre m'a ravi, lui dit la marquise L…, l'aîné de mes fils ; il est mort, il y a huit mois, des suites d'une balle reçue en combattant, avec votre armée, à Sébastopol. Quand j'ai su qu'il arrivait à Milan des Français blessés, et que je pourrais les soigner, j'ai senti que Dieu m'envoyait sa première consolation… »

Mme la comtesse Verri-Borromeo, présidente du grand comité central de secours,[1] voulut constamment diriger le mouvement des dépôts de lingerie et de charpie, et sut aussi, malgré son âge avancé, trouver

[1] La comtesse Justine Verri, née Borromée, est morte à Milan en 1860, laissant les plus vifs regrets chez tous ceux qui ont eu le bonheur de la connaître. — Les vastes magasins de charpie et de bandelettes, situés Contrada San Paolo, qu'elle administrait avec une haute intelligence, étaient approvisionnés par des envois considérables provenant de diverses villes et de divers pays, mais surtout de Turin où la marquise Pallavicino-Trivulzio faisait une œuvre semblable à celle de M^meVerri à Milan.

Genève et d'autres villes de la Suisse, comme aussi de la Savoie, expédièrent à Turin des quantités très-considérables de linge et de charpie par l'entremise de M. le docteur Appia, qui prit à Genève l'initiative de cette œuvre excellente D'assez fortes sommes d'argent furent consacrées à procurer aux blessés, sans distinction de nationalités, toutes sortes de petits secours. Mme la comtesse de G… provoqua, dans ce but, la création d'un comité, et cette proposition, favorablement accueillie à Paris, reçut à Genève un commencement d'exécution. Depuis ce pays neutre, où les sympathies se répartissaient naturellement entre les deux armées belligérantes, on fit passer aux comités officiels de Turin et de Milan des secours qui devaient être distribués impartialement entre les Français, les Allemands et les Italiens.

À Turin, Mme la marquise Pallavicino-Trivulzio, si bonne, si généreuse et si dévouée, présidait le comité principal (Comitato delle Signore per la raccolta di bende filacce, a pro dei feriti) avec toute l'activité que comportait une si grande tâche. — D'autres comités avaient été constitués à Turin, dont la population s'était très-bien montrée en faveur des victimes de la guerre.

le temps deconsacrer, chaque jour, plusieurs heures aux blessés pour leur faire des lectures. Tous les palais renferment des malades ; celui des Borromée (des Îles) en contient trois cents. La supérieure des Ursulines, la sœur Marina Videmari, dirige avec une charité exemplaire un grand hôpital qui est un modèle d'ordre et de propreté, et dont elle fait tout le service avec ses sœurs compagnes.

Mais peu à peu on voit passer, prenant la route de Turin, de petits détachements de soldats français convalescents, au teint bronzé par le soleil d'Italie, les uns le bras en écharpe, les autres soutenus par des béquilles, tous avec des traces de graves blessures ; leurs uniformes d'ordonnance sont usés et déchirés, mais ils portent du linge magnifique dont de riches Italiens les ont généreusement pourvus, en échange de leurs chemises ensanglantées : « Votre sang a coulé pour la défense de notre pays, leur ont dit ces Italiens, nous voulons en conserver le souvenir. » Ces hommes, peu de semaines auparavant forts et robustes, et aujourd'hui privés d'un bras, d'une jambe, ou la tête empaquetée et saignante, supportent leurs maux avec résignation ; mais incapables désormais de suivre la carrière des armes ou de venir en aide à leurs familles, ils se voient déjà, avec une douloureuse amertume, devenir des objets de commisération et de pitié, à charge aux autres et à eux-mêmes.

Je ne puis m'empêcher de mentionner la rencontre que je fis à Milan, à mon retour de Solférino, d'un vieillard vénérable, M. le marquis Ch. de Bryas, ancien député et ancien maire de Bordeaux, et qui, possesseur d'une très-grande fortune, était venu spontanément en Italie dans le but unique d'y être utile aux soldats blessés. Je fus assez heureux pour faciliter à ce noble philanthrope son départ pour Brescia : pendant la première quinzaine de juillet la confusion et l'encombrement furent tels à la gare de Porta Tosa, où je l'accompagnai, qu'il était d'une difficulté inouïe de parvenir jusqu'aux wagons ; malgré son âge, sa position et son caractère officiel (car il venait, si je ne me trompe, d'être chargé par l'Administration française d'une mission toute charitable), il ne pouvait réussir à obtenir une place dans le train où il devait monter. Ce petit incident peut donner une idée de l'affluence énorme qui obstruait la gare et ses abords.

Combien de faits intéressants resteront toujours inconnus ! Un beau trait est celui d'un autre Français, presque sourd, qui, lui aussi, avait franchi trois cents lieues pour venir soigner ses compatriotes, et qui, arrivé à Milan, voyant les blessés autrichiens à peu près délaissés, se consacra plus spécialement à eux et chercha à leur faire tout le bien possible, en échange du mal que lui avait fait, quarante-cinq ans auparavant, un officier autrichien : dans l'année 1814, alors que les armées de la Sainte Alliance avaient envahi la France, cet officier, ayant dû prendre logement chez les parents de ce Français qui, tout jeune à cette époque, se trouvait atteint d'une maladie dont la nature était pour le militaire étranger un sujet de dégoût, il mit rudement à la porte et hors de la maison, sans qu'on pût l'en empêcher, le pauvre enfant à qui cet acte de brutalité occasionna une surdité dont il a souffert toute sa vie.

Dans l'un des hôpitaux de Milan, un sergent des zouaves de la garde, à la figure énergique et fière, qui avait été amputé d'une jambe, et avait supporté cette cruelle opération sans proférer une seule plainte, fut saisi, peu de temps après, d'une profonde tristesse, quoique son état s'améliorât et que sa convalescence fît des progrès satisfaisants : cette tristesse, qui augmentait de jour en jour, demeurait donc inexplicable. Une sœur de charité ayant même surpris des larmes dans ces yeux qui n'avaient peut-être jamais pleuré, elle le pressa de tant de questions qu'il finit par avouer à la bonne religieuse qu'il était le seul soutien de sa mère âgée et infirme, et que lorsqu'il était bien portant, il lui adressait chaque mois cinq francs, fruit des économies qu'il faisait sur sa paie ; il se voyait actuellement dans l'impossibilité de lui venir en aide, et elle devait être alors dans un très-grand besoin d'argent, puisqu'il n'avait pu lui envoyer sa petite rente habituelle. La sœur de charité, touchée de commisération, lui donna une pièce de cent sous dont la valeur fut aussitôt expédiée en France ; mais lorsque la comtesse T…, qui avait pris intérêt à ce brave et digne soldat, et qui avait été informée de la cause de sa tristesse extraordinaire, voulut lui remettre une légère somme pour sa mère et pour lui-même, il se refusa à l'accepter et il répondit à cette dame en la remerciant : « Gardez cet argent pour d'autres qui en ont plus besoin que moi ; et quant à ma mère, j'espère bien lui envoyer sa pension le mois prochain, car je compte pouvoir bientôt travailler. »

L'une des grandes dames de Milan, portant un nom historique, avait mis à la disposition des blessés un de ses palais, avec cent cinquante lits. Parmi les soldats logés dans ce magnifique palais se trouvait un grenadier du 70ᵉ qui, ayant subi une amputation, était en danger de mort. Cette dame, cherchant à consoler le blessé, lui parlait de sa famille, et celui-ci racontait qu'il était le fils unique de paysans du département du Gers, et que tout son chagrin était de les laisser dans une profonde misère, puisque lui seul aurait pu pourvoir à leur subsistance ; il ajoutait que ç'aurait été pour lui une bien grande consolation d'embrasser sa mère avant de mourir. Cette dame, sans lui communiquer son projet, se décide subitement à quitter Milan, elle monte en chemin de fer, se rend dans le département du Gers auprès de cette famille dont elle a obtenu l'adresse, s'empare de la mère du blessé après avoir laissé deux mille francs au vieux père infirme, emmène la pauvre paysanne avec elle à Milan, et, six jours après la conversation de cette dame avec le grenadier, le fils embrassait sa mère en pleurant et en bénissant sa bienfaitrice.

Mais pourquoi avoir raconté tant de scènes de douleur et de désolation, et avoir peut-être fait éprouver des émotions pénibles ? Pourquoi s'être étendu comme avec complaisance sur des tableaux lamentables, et les avoir retracés d'une manière qui peut paraître minutieuse et désespérante ?

À cette question toute naturelle, qu'il nous soit permis de répondre par une autre question :

N'y aurait-il pas moyen, pendant une époque de paix et de tranquillité, de constituer des sociétés de secours dont le but serait de faire donner des soins aux blessés, en temps de guerre, par des volontaires zélés, dévoués et bien qualifiés pour une pareille œuvre ?

Puisqu'il faut renoncer aux vœux et aux espérances des membres de la Société des Amis de la paix, aux rêves de l'abbé de Sᵗ. Pierre et aux nobles inspirations d'un comte de Sellon ;

Puisque l'on peut répéter avec un grand penseur que « les hommes en sont venus à ce point de s'entretuer sans se haïr, et que le comble de la gloire et le plus beau de tous les arts est de s'exterminer les uns les autres ; »

Puisque l'on est arrivé à déclarer que « la guerre est divine, » comme l'affirme le comte Joseph de Maistre ;

Puisque l'on invente tous les jours de nouveaux et terribles moyens de destruction avec une persévérance digne d'un meilleur but, et que les inventeurs de ces engins meurtriers sont applaudis et encouragés dans la plupart des grands États de l'Europe, où l'on arme à qui mieux mieux ;

Puisque enfin la situation des esprits en Europe, sans mentionner d'autres indices encore, peut faire prévoir des guerres qui semblent inévitables dans un avenir plus ou moins éloigné ;

Pourquoi ne profiterait-on pas d'un temps de tranquillité relative et de calme pour étudier et chercher à résoudre une question d'une importance si haute et si universelle, au double point de vue de l'humanité et du christianisme ?

Ce sujet, d'un intérêt si général, une fois livré à la méditation de chacun, provoquera sans doute les réflexions et les écrits de personnes plus habiles et plus compétentes ; mais en attendant, n'est-il pas évident que pour essayer d'atteindre ce noble but, il faudrait d'abord que cette idée, présentée aux diverses branches de la grande famille européenne, fixât l'attention et conquît les sympathies de tous ceux qui ont une âme élevée ou un cœur susceptible de s'émouvoir aux souffrances de leurs semblables ?

Des Sociétés de ce genre, une fois constituées, et avec une existence permanente, demeureraient naturellement inactives temps de paix, mais elles se trouveraient tout organisées vis-à-vis d'une éventualité de guerre ; elles devraient non-seulement obtenir la bienveillance des autorités du pays où elles auraient pris naissance, mais elles auraient à solliciter, en cas de guerre, auprès des Souverains des puissances belligérantes, des permissions et des facilités pour conduire leur œuvre à bonne fin. Ces Sociétés devraient donc renfermer dans leur sein, et pour chaque pays, comme membres du comité supérieur dirigeant, les hommes les plus honorablement connus et les plus estimés. Ces comités feraient appel à toute personne qui, pressée par des sentiments de vraie philanthropie, consentirait à se consacrer momentanément à cette œuvre de charité, laquelle consisterait à apporter, d'accord avec les Intendances militaires, c'est-à-dire avec leur appui et leurs directions au besoin, des secours et des soins sur un champ de bataille au moment même d'un conflit ; puis, à continuer, dans les hôpitaux, ces soins aux blessés jusqu'à leur entière convalescence. Ce dévouement, tout spontané, se rencontrerait plus aisément qu'on n'est porté à le penser, et bien des personnes, désormais certaines d'être utiles et convaincues de pouvoir faire quelque bien en étant encouragées et facilitées par l'Administration supérieure, iraient certainement, même à leurs propres frais, remplir pour un peu de temps une tâche si éminemment philanthropique. Dans ce siècle accusé d'égoïsme et de froideur, quel attrait pour les cœurs nobles et compatissants, pour les caractères chevaleresques, que de braver les mêmes dangers que l'homme de guerre, mais avec une mission toute volontaire de paix, de consolation et d'abnégation !

Les exemples que fournit l'histoire prouvent qu'il n'y a rien de chimérique à compter sur de pareils dévouements, et pour n'en citer que deux ou trois, ne sait-on pas que l'archevêque de Milan, S^t. Charles Borromée, accourut dans cette ville, du fond de son diocèse, lors de la peste de 1576 pour porter à tous, en bravant la contagion, des secours et des encouragements ? et son exemple ne fut-il pas imité en 1627 par Frédéric Borromée ? L'évêque Belzunce de Castel-Moron ne s'est-il pas illustré par le dévouement héroïque qu'il déploya pendant les ravages de ce cruel fléau à Marseille, en 1720 et 1721 ? Un John Howard n'a-t-il pas parcouru l'Europe pour visiter les prisons, les lazarets, les hôpitaux, et provoquer de salutaires réformes dans ces établissements ? il mourut en 1790, à Kherson, d'une fièvre qu'il gagna auprès d'un malade, après un séjour au milieu des pestiférés de la Crimée. La sœur Marthe, de Besançon, a été bien connue pour avoir, de 1813 à 1815, pansé les blessés des armées coalisées, de même que ceux de l'armée française ; et, avant elle, une autre religieuse, la sœur Barbe Schyner, s'était distinguée à Fribourg, en 1799, par ses soins aux blessés des troupes qui envahissaient son pays et à ses propres compatriotes.

Mais mentionnons surtout deux dévouements contemporains, qui se rattachent à la guerre d'Orient, et qui sont plus directement en rapport avec le sujet qui nous occupe. Pendant que les bonnes sœurs de charité soignaient les blessés et les malades de l'armée française en Crimée, les armées russe et anglaise voyaient arriver, venant du nord et de l'occident, deux nobles légions de généreuses infirmières conduites par deux saintes femmes. En effet, peu après que la guerre eut éclaté, la grande-duchesse Hélène Paulowna de Russie, née princesse Charlotte de Wurtemberg, veuve du grand-duc Michel, quitta S^t. Pétersbourg, avec près de trois cents dames qui la suivirent pour aller faire le service d'infirmières dans les hôpitaux de la Crimée, où elles furent bénies par des milliers de soldats russes.[1] De son côté Miss Florence Nightingale, qui avait visité les hôpitaux de l'Angleterre, et les principaux établissements de charité et de bienfaisance sur le continent, et qui s'était vouée à faire le bien en renonçant aux douceurs de l'opulence, reçut un appel pressant de lord Sidney Herbert, secrétaire de la guerre de l'empire britannique, l'invitant à aller soigner les soldats anglais en Orient. Miss Nightingale, dont le nom est devenu populaire, n'hésita pas à entreprendre cette belle œuvre, qu'elle savait sympathique aussi au cœur de sa Souveraine, et elle partit pour Constantinople et Scutari, en novembre 1854, avec trente-sept dames anglaises, qui, dès leur arrivée, donnèrent des soins aux nombreux blessés d'Inkermann ; en 1855, Miss Stanley vint la joindre avec cinquante nouvelles compagnes, ce qui permit à Miss Nightingale de se rendre à Balaklava pour en inspecter les hôpitaux. On sait tout ce que lui a fait accomplir, durant ce long et sublime sacrifice, son ardent amour pour l'humanité souffrante.[2]

Mais dans la multitude infinie de tant d'autres dévouements dont la plupart ont été obscurs ou ignorés, combien sont demeurés plus ou moins stériles, parce qu'ils étaient isolés et qu'ils n'ont pas été soutenus par des sympathies collectives et organisées !

Si une Société internationale de secours eût existé lors de Solférino, et si des infirmiers volontaires s'étaient trouvés à Castiglione le 24, le 25 et le 26 juin, ou à Brescia vers la même époque, comme aussi à Mantoue ou à Vérone, quel bien inappréciable ils eussent pu faire !

Comment supposer qu'une légion d'aides actifs, zélés et courageux

---

1 Pendant la guerre d'Orient, dans l'hiver de 1854 à 1855, l'empereur Alexandre II, de Russie, visita les hôpitaux de la Crimée. Ce puissant potentat, dont on connaît le cœur excellent et l'âme si généreuse et si humaine, fut tellement impressionné par le spectacle affreux qui s'offrit à ses regards que dès lors il se détermina à conclure la paix, ne pouvant supporter l'idée de voir se continuer une série de massacres, qui mettaient dans un état aussi lamentable un si grand nombre de ses sujets.

2 L'image de Miss Florence Nightingale, parcourant pendant la nuit, une petite lampe à la main, les vastes dortoirs des hôpitaux militaires, et prenant note de l'état de chacun des malades pour leur procurer les adoucissements et les soulagements les plus nécessaires, ne s'effacera jamais du cœur des hommes qui furent les objets ou les témoins de son admirable charité, et la tradition de son héroïque et saint dévouement sera conservée pour toujours dans les annales de l'histoire.

auraient été inutiles sur ce champ de destruction, pendant la nuit néfaste du vendredi au samedi, alors que des gémissements et des supplications déchirantes s'échappaient de la poitrine de milliers de blessés, en proie aux douleurs les plus aiguës, et subissant l'inexprimable supplice de la soif !

Si le prince d'Isembourg, et avec lui tant d'infortunés combattants, eût été relevé plus tôt par des mains compatissantes sur le terrain humide et sanglant où il gisait évanoui, il ne souffrirait pas aujourd'hui encore de blessures qui furent dangereusement aggravées par un abandon de plusieurs heures ; et si son cheval ne l'avait pas fait découvrir au milieu des cadavres, il eût certainement péri, faute de secours, avec bien d'autres blessés, qui n'étaient pas moins des créatures de Dieu, et dont la mort pouvait être également sensible à leurs familles.

Pense-t-on que ces belles jeunes filles et ces bonnes femmes de Castiglione, toutes dévouées qu'elles fussent, aient préservé de la mort beaucoup de ces militaires mutilés ou défigurés, mais susceptibles de guérison, auxquels elles donnèrent des soins ? C'est à peine si elles ont pu apporter à quelques-uns de légers adoucissements ! Il fallait là, non pas seulement des femmes faibles et ignorantes, mais à côté d'elles, et avec elles, il aurait fallu des hommes de cœur et d'expérience, capables, fermes, organisés d'avance, et en nombre suffisant pour agir aussitôt avec ordre et ensemble ; alors on eût évité la plupart de ces accidents et de ces fièvres venant misérablement compliquer des blessures, qui, peu graves au premier moment, devenaient très-promptement mortelles.

Si l'on avait eu suffisamment d'aides pour pourvoir au service du relèvement des blessés dans les plaines de Médole, et au fond des ravins de San Martino, et sur les escarpements du Mont Fontana ou les mamelons deSolférino, on n'eût pas laissé, le 24 juin, pendant de longues heures, dans des angoisses poignantes et dans la crainte si amère de l'abandon, ce pauvre bersaglier, ce uhlan ou ce zouave qui, cherchant à se soulever malgré ses atroces douleurs, faisait inutilement signe de loin, avec la main, pour qu'on dirigeât une civière de son côté. Enfin, on n'eût pas encouru l'horrible chance d'enterrer, le lendemain, comme cela n'est que trop probablement arrivé, des vivants avec des morts !

Si l'on avait possédé pour les blessés des moyens de transport mieux perfectionnés que ceux qui existent maintenant,[1] on eût épargné à ce voltigeur de la garde cette douloureuse amputation qu'il dut subir à Brescia, et qui fut nécessitée par un manque déplorable de soins pendant le trajet depuis l'ambulance volante de son régiment jusqu'à Castiglione ; et s'il n'est pas mort des suites d'une opération à laquelle beaucoup de soldats ont succombé, il ne faut l'attribuer qu'à sa constitution aussi saine que robuste.

La vue de ces jeunes invalides, privés d'un bras ou d'une jambe, et qui rentrent tristement dans leurs foyers, ne doit-elle pas faire naître comme un remords ou un regret, pour n'avoir pas tenté de prévenir les conséquences funestes de blessures, qui auraient pu être guéries par des secours efficaces, envoyés et donnés à propos ? Et ces mourants, délaissés dans les ambulances de Castiglione ou dans les hôpitaux de Brescia, et dont plusieurs ne pouvaient point du tout se faire comprendre dans leur langue, auraient-ils rendu le dernier soupir en maudissant et en blasphémant, s'ils avaient eu auprès d'eux quelqu'un pour les comprendre, les écouter et les consoler ?[2] Peut-on penser que, malgré tout le zèle des villes de la Lombardie et celui des habitants de Brescia, il ne soit pas resté immensément à faire ? — Dans aucune guerre, et dans aucun siècle, on n'avait vu un si grand empressement et un si beau déploiement de charité, et pourtant ce dévouement, si général et si remarquable, a été tout à fait insuffisant et sans aucune proportion avec l'étendue des maux à secourir ; d'ailleurs il ne s'adressait qu'aux blessés de l'armée alliée, et nullement aux malheureux Autrichiens : c'était la reconnaissance d'un peuple qu'on arrache à l'oppression, qui avait produit ce délire momentané d'enthousiasme et de sympathie !

---

1 En évitant, par de meilleurs moyens de transport, les accidents si fréquents pendant le trajet depuis le champ de bataille à l'ambulance, on diminuera le nombre des amputations, ce qui est, certes, déjà bien quelque chose au point de vue de l'humanité ; ensuite, en diminuant le nombre des amputés, on amoindrira les charges qui incombent à un gouvernement qui doit pensionner les invalides.

Plusieurs médecins, dans ces derniers temps, ont fait de la question spéciale du transport des blessés un sujet d'études particulières : ainsi, M. le docteur Appia a imaginé un appareil aussi simple que souple et léger, qui amortit les secousses et qui est fort utile dans les cas de fractures de membres ; et M. le docteur Martrès a porté heureusement aussi son attention sur cette question, bien digne de préoccuper les sociétés que nous désirons voir se constituer.

2 Pendant la guerre d'Italie, il y eut même des soldats qui furent saisis par le mal du pays à un tel degré que sans autre maladie, et sans aucune blessure, ils en moururent.

— Il y eut, il est vrai, en Italie bien des femmes courageuses dont la patience et la persévérance ne se lassèrent point, mais, hélas ! on finit par pouvoir facilement les compter. Les populations se fatiguèrent, les fièvres contagieuses écartèrent des personnes d'abord empressées, et les infirmiers et les servants, ennuyés ou découragés, ne répondirent pas tous longtemps à ce qu'on devait attendre d'eux.

Pour une tâche de cette nature il ne faut pas des mercenaires ; trop souvent, en effet, les infirmiers salariés deviennent durs, ou le dégoût les éloigne et la fatigue les rend paresseux. — Il faut, d'autre part, des secours immédiats, car ce qui peut sauver aujourd'hui le blessé ne le sauvera plus demain, et en perdant du temps on laisse arriver la gangrène qui emporte le malade.[1] Il faut donc des infirmiers et des infirmières volontaires, diligents, préparés et initiés à cette œuvre, et qui, reconnus par les chefs des armées en campagne, soient facilités et soutenus dans leur mission. — Le personnel des ambulances militaires est toujours insuffisant, et fût-il doublé ou triplé, il serait encore insuffisant, et il le sera toujours. Il faut inévitablement recourir au public : on y est forcé, et on y sera constamment forcé, car ce n'est que par la coopération du public qu'on peut espérer d'atteindre le but dont il s'agit. C'est par conséquent un appel qu'il faut faire et une supplique qu'il faut adresser aux hommes de tout pays et de tout rang, aux puissants de ce monde comme aux plus modestes artisans, puisque tous peuvent, d'une manière ou d'une autre, chacun dans sa sphère et selon ses forces, concourir en quelque mesure à cette bonne œuvre. — Un appel de ce genre s'adresse aux dames comme aux hommes, à la grande princesse assise sur les marches d'un trône, comme à l'humble servante orpheline et dévouée, ou à la pauvre

---

1 Au commencement de la campagne d'Italie et avant qu'aucun combat eût encore été livré, Mme N... ayant proposé, dans un salon, à Genève, la formation d'un Comité pour l'envoi de secours aux blessés, plusieurs des personnes auxquelles elle s'adressait, trouvèrent beaucoup trop hâtive cette proposition, et moi-même je ne pus m'empêcher de dire : « Comment peut-on penser à faire de la charpie, avant qu'il y ait un seul blessé ? » Et cependant comme, dès les premiers engagements, cette charpie eût été utile dans les hôpitaux de la Lombardie ou de la Vénétie ! — C'est donc la vue même de faits tels que ceux que j'ai racontés, qui, en me faisant changer de manière de voir à cet égard m'a conduit à présenter quelques réflexions sur ce sujet ; et Dieu veuille qu'elles soient mieux reçues que je n'accueillis moi-même, en mai 1859, la proposition de Mme N... !

Henri Dunant

veuve, isolée sur la terre, et qui désire consacrer ses dernières forces au bien de son prochain ; il s'adresse au général ou au maréchal-de-camp, comme au philanthrope et à l'écrivain qui peut, du fond de son cabinet, développer avec talent, et par ses publications, une question embrassant l'humanité entière, et, dans un sens plus spécial, chaque peuple, chaque contrée, chaque famille même, puisque nul ne peut avec certitude se dire à tout jamais à l'abri des chances de la guerre. — Si un général autrichien et un général français ont pu se trouver assis, l'un à côté de l'autre, à la table hospitalière du roi de Prusse et causer en bonne amitié, qui les aurait empêchés d'examiner et de discuter une question si digne d'exciter leur intérêt et leur attention ?

Dans des occasions extraordinaires, comme celles qui réunissent, par exemple à Cologne ou à Châlons, des princes de l'art militaire, appartenant à des nationalités différentes, ne serait-il pas à souhaiter qu'ils profitent de cette espèce de congrès pour formuler quelque principe international, conventionnel et sacré, lequel, une fois agréé et ratifié, servirait de base à des *Sociétés de secours pour les blessés* dans les divers pays de l'Europe ? Il est d'autant plus important de se mettre d'accord et d'adopter d'avance des mesures, que, lors d'un commencement d'hostilités, les belligérants sont déjà mal disposés les uns envers les autres, et ne traitent plus les questions qu'au point de vue unique et restreint de leurs ressortissants.[1]

L'humanité et la civilisation demandent impérieusement une œuvre comme celle qui est indiquée ici ; il semble qu'il y ait même là un devoir, à l'accomplissement duquel tout homme exerçant quelque influence doit son concours, et tout homme de bien au moins une pensée. Quel prince, quel souverain refuserait son appui à ces Sociétés, et ne serait heureux de donner aux soldats de son armée la pleine assurance qu'ils seront immédiatement et convenablement soignés s'ils viennent à être blessés ? Quel État ne voudrait accorder sa protection à ceux qui chercheraient ainsi à conserver la vie de citoyens utiles à leur pays, car le militaire qui est frappé d'une balle en défendant ou en servant sa patrie,

---

1 Ne convoque-t-on pas de petits congrès qui s'assemblent tout exprès pour traiter des questions d'une importance évidemment moins grande, et n'y a-t-il pas des Sociétés internationales qui s'occupent d'industrie, de bienfaisance, d'utilité publique, ainsi que des congrès de savants, de jurisconsultes, d'agronomes, de statisticiens, d'économistes, etc. ?

ne mérite-t-il pas toute la sollicitude de cette patrie ? Quel officier, quel général, s'il considère ses soldats pour ainsi dire comme « ses enfants », ne serait désireux de faciliter la tâche de tels infirmiers ? Quel intendant militaire, quel chirurgien-major n'accepterait avec reconnaissance d'être secondé par une cohorte de personnes intelligentes, appelées à agir, avec tact, sous une bonne et sage direction ?[1] Enfin, à une époque où l'on parle tant de progrès et de civilisation, et puisque malheureusement les guerres ne peuvent être toujours évitées, n'est-il pas urgent d'insister pour que l'on cherche, dans un esprit d'humanité et de vraie civilisation, à en prévenir, ou tout au moins à en adoucir les horreurs ?

Pour être mise en pratique dans de grandes proportions, cette œuvre exigerait, il est vrai, des fonds assez considérables, mais ce n'est pas l'argent nécessaire qui lui manquera jamais. En temps de guerre, chacun apportera son offrande ou donnera sa pite avec empressement pour répondre aux appels qui seraient faits par les comités ; les populations ne restent pas froides et indifférentes quand les enfants du pays se battent : le sang qui est répandu dans les combats, n'est-il pas le même que celui qui circule dans les veines de toute la nation ! Ce n'est donc pas quelque obstacle de cette espèce qui risquerait d'arrêter la marche d'une telle entreprise. La difficulté n'est point là, mais la question demeure tout entière dans la préparation sérieuse à une œuvre de ce genre, et dans la création même de ces Sociétés.[2]

---

1 Avec des sociétés comme celles que nous avons en vue, on éviterait bien des chances soit de gaspillage, soit de répartitions peu judicieuses des fonds et des secours envoyés. — Lors de la guerre d'Orient, par exemple, il fut dirigé sur la Crimée, et depuis S[t]. Pétersbourg, des envois considérables de charpie, préparée par les dames russes ; mais ces ballots, au lieu de parvenir dans les hôpitaux où ils étaient adressés, prirent le chemin de papeteries, qui s'en emparèrent comme d'une marchandise propre à leur industrie.

2 « ... Il faut que l'on voie par des exemples aussi palpitants que ceux que vous rapportez, » daignait m'écrire, en date du 19 octobre 1862, l'honorable général Dufour, « ce que la gloire des champs de bataille coûte de tortures et de larmes. On n'est que trop porté à ne voir que le côté brillant d'une guerre, et à fermer les yeux sur ses tristes conséquences... Il est bon, » ajoute l'illustre général en chef de la Confédération Helvétique, « d'attirer l'attention sur cette question humanitaire, et c'est à quoi vos feuilles me semblent éminemment propres. Un examen attentif et profond peut en amener la solution par le concours des philanthropes de tous les pays... »

Henri Dunant

Si les nouveaux et terribles moyens de destruction dont les peuples disposent actuellement, paraissent devoir, à l'avenir, abréger la durée des guerres, il semble que les batailles n'en seront, en revanche, que beaucoup plus meurtrières ; et dans ce siècle où l'imprévu joue un si grand rôle, des guerres ne peuvent-elles pas surgir, d'un côté ou d'un autre, de la manière la plus soudaine ou la plus inattendue ? — N'y a-t-il pas, dans ces considérations seules, des raisons plus que suffisantes pour ne pas se laisser prendre au dépourvu ?

ISBN : 978-1508452614

www.ingramcontent.com/pod-product-compliance
Lightning Source LLC
Chambersburg PA
CBHW070401290526
45790CB00004B/1590